金融学方法论

田 立 著

中国金融出版社

责任编辑：黄海清
责任校对：潘　洁
责任印制：丁淮宾

图书在版编目（CIP）数据

金融学方法论（Jinrongxue Fangfalun）／田立著．—北京：中国金融出版社，
2017.11
ISBN 978 - 7 - 5049 - 9205 - 5

Ⅰ．①金… Ⅱ．①田… Ⅲ．①金融学—方法论 Ⅳ．①F830 - 03

中国版本图书馆 CIP 数据核字（2017）第 232437 号

出版
发行　中国金融出版社

社址　北京市丰台区益泽路 2 号
市场开发部　（010）63266347，63805472，6349533（传真）
网 上 书 店　http：／／www. chinafph. com
　　　　　　（010）63286832，62658686（传真）
读者服务部　（010）66070833，62568380
邮编　100071
经销　新华书店
印刷　北京市松源印刷有限公司
尺寸　169 毫米 × 239 毫米
印张　9.5
字数　160 千
版次　2017 年 11 月第 1 版
印次　2017 年 11 月第 1 次印刷
定价　38.00 元
ISBN 978 - 7 - 5049 - 9205 - 5
如出现印装错误本社负责调换　联系电话（010）63263947

自　序

十五年前，当我从数学专业转向金融学专业的时候，新的专业领导对我满怀期望："这下好了，我们可有一个会建数学模型的老师了。"然而，我辜负了领导的期望，十几年来我几乎从没建立过什么像样的数学模型，至少，没建过领导期望的数学模型。

不仅对于我的领导，几乎每一个从事金融学研究的人都把建立像"资本资产定价模型""套利定价模型"或者"期权定价模型"这样的数学模型作为自己毕生的最高追求，甚至也希望自己能像建立上述这几个经典模型的大师一样，通过完成所谓的惊世模型来确立自己的学术地位，赢得同行的尊重。

为了达到建立数学模型的目的，我的同行们可谓绞尽脑汁，他们或是直接向数学老师、物理老师请教，或是干脆与这些学科的学者联盟，实在不行的，几乎一股脑儿涌向了数理统计。久而久之，这种风气已经俨然成为主流金融学者的标配，甚至也直接影响了金融学专业的学生，在这个圈子里，要是不用模型说话，都不好意思跟人家说你是金融学专业的。

那么，数学模型真的这么重要吗？从一般意义上讲，真的很重要，尤其是对金融学，其最核心内容——资产定价——的内在逻辑天生就与数学特质存在某种契合。因此，运用数学方法研究金融问题几乎是一个绕不开的话题，但从更深的层面讲，数学模型其实并不是最重要的，因为，任何方法——即便再高级——也都必须在正确的学科世界观与方法论的基础上才能得以正确的运用并得出可靠的结论。

回顾十几年的金融学科研与教学工作，我目睹过太多"手段极其花哨"，但因偏离金融学的世界观与方法论而得出种种可笑结论以及从根本上就偏离了金融学实质的所谓研究。不仅学生存在这样的问题，即使师长、专家也常常不能"免俗"。

这样看来，建立一套正确的金融学世界观与方法论，某种意义上讲，比学会几个建立数学模型的技巧更优先，更应受到金融学界的重视。遗憾的是，举目国内外金融学教育，在我寡陋的视野内还没有看到一本专门讨论金融学世界观与方法论的专著或者教材（如果哪位读者知道有这样的书，原谅我无知的同时也请告诉我出处，以便补上知识的漏洞，谢谢！）。这也就成了我写这本书的原动力。

但本书绝无完善金融学科的"夙愿"，更无独树一帜的"野心"，书中所记载的仅仅是十几年来从事金融学科研与教学实践中的心得，以及这些心得背后渴望分享的愿望。

本书专注方法论，没有更多地触及世界观，个中原因在书中第一章作了专门说明。在专注方法论的过程中，本书没有从哲学层面加以抽象的归纳（这或许根本就是因为本人哲学修养太低的缘故），而是把各个时期经典金融学理论做成一面面镜子，通过方法的折射交织成一个思想的体系，并将灵感的偶然与科学的必然放置到这个体系中，让读者尽量贴近金融学的精髓，而不是单纯地膜拜。

本书不是一部金融学的学科史，但以金融学的发展脉络作为内容展开的基本逻辑，目的在于以学科发展的历史观来看待学科思想的演化史，并总结在演化进程中各种思想的碰撞与革新，为读者描绘出一幅清晰的金融学方法论构架。在这个框架中，读者可以清晰地看到通过数学模型解释、解决金融问题只是一种手段，而且这种手段只有在符合金融学方法论的框架条件下，才能发挥其作用，才能解释问题的内在逻辑，并以此作为解决问题的方法和路径。正如读者在书中第三章 MM 第二定理的介绍中所看到的，某些时候，数学模型的表象甚至与事物的内涵存在严重偏差。

本书按照教科书的体例撰写，但绝不仅限于教科书之用。它既适合高等院校本科生、硕士生和博士生的教学、自学使用，也适合非金融学专业读者阅读。为此，本书在撰写过程中尽可能地使用通俗化、口语化的轻松的语言文字，目的就是能够让更多的人了解金融学，了解金融学的方法论，但这样做也带来一个问题，就是它读起来不太像一本严格意义上的教科书，会使一些原本打算使用此书作为教材的教师们感到犹豫。为了照顾到这部分人群，本书在充分吸纳各方意见后，把确实不够规范或者专业化程度不够的描述语言尽量地放在脚注和附录中，这也就是为什么本书脚注多、附录多，且脚注和附录的内容比同类体例内容多的原因。

本书撰写过程中得到我的好友周洛华先生的大力支持，在此表示感谢。在后期编辑过程中，中国金融出版社的黄海清编辑付出了大量的热情与工作，同样表示深深的谢意。

　　最后，对于即将垂阅本书的读者，我必须说一句尽管是程式化的，但绝对发自内心的话：金融学方法论对我来说是一个全新的课题，以我区区十几年的研究和教学经历，显然难以全面支撑。因而书中难免有不足甚至可能是错误之处，敬请广大同行及读者批评指正，以便日后能够呈现出更加完善的金融学的方法论。

田　立

哈尔滨商业大学金融学院教授

目　　录

第一章 导 论

对于任何学科来讲，方法论都是学科思想与智慧的最高精华。但在本书全面展开有关金融学方法论的具体内容之前，读者应该首先弄清三个问题：(1) 到底什么是方法论？(2) 什么是金融学？(3) 金融学的思想范式有什么特别之处？只有先建立起一套正确的金融学世界观，然后才能真正感悟到金融学方法与思想的魅力与精髓。

第一节 什么是方法论？[①]

我们必须首先承认：方法论是一个很深刻而且很复杂的概念，要想弄清楚究竟什么是方法论并不是一件容易的事。因此，我们不妨先把"方法论"中的"论"放一放，先从方法论的最基本构成要素——方法说起，看看方法本身具有什么样的本质和特征。

=== 例 1-1 ===

和尚分馒头

这是一道经典的传统中国算术题：假如你提着一篮子馒头去庙上给和尚分，如果给每个和尚分 2 个馒头，篮子里就会剩 2 个馒头；如果每个和尚分 3 个馒头，就会少 1 个馒头。问：总共有多少个馒头和多少个和尚？

我相信绝大多数经过现代教育的中国学生看到这道题后，脑子里闪现出的第一个解决方法就是用方程组来解决这个问题，具体说就是设馒头数为 x，和尚数为 y，根据已知条件，建立一个方程组，即 $\begin{cases} 2y + 2 = x \\ 3y - 1 = x \end{cases}$，

---

① 在这里我必须诚恳地提醒读者，只有明白了方法论的科学内涵，你才能够明白本书的阐述逻辑，以及学习金融学方法论所要达到的目的。

然后解这个方程组可得：$\begin{cases} x = 8 \\ y = 3 \end{cases}$，即总共有 8 个馒头和 3 个和尚。

但是，当你知道"这道算术题早在代数学（algebra）广泛出现在中国教育体系之前就已经流行于民间①"的事实的话，你一定非常吃惊：难道不用代数方法也能解出这道题？

答案是肯定的！没学过代数和方程的民间老百姓也有一种方法解开这道题，其过程是这样的：假设你现在开始给和尚发馒头，每人两个，发完最后一个和尚的时候，篮子里还剩两个馒头。你现在不停下来，马上从第一个和尚开始下一轮发馒头，每人一个（因为已知条件告诉我们每个和尚发 3 个馒头就会不够），让我们看看发到第几个和尚馒头不够的。显然，最后一轮只发了 2 个和尚馒头就不够了，于是有 2 个和尚已经可以确定了。还有几个和尚呢？这可以通过还差几个馒头来确定。已知条件告诉我们差 1 个，也很显然，那就是最后一个和尚没有得到 3 个馒头，其他两人都得到了。现在答案就出来了：和尚人数是 3，再根据前面的条件可以轻易算出馒头数量是 8。

这个例子多少有些让人惊讶之余，也说明了这样几个道理：

首先，解决问题的方法永远不是唯一的，有些方法看似相去甚远，但最终都能用来解决问题；

其次，方法不是越"高级"越好用，某些看似"初级"的方法在解决问题时同样游刃有余②；

最后，稍微深入一些，我们会发现不同的方法往往隐含着不同的思维习惯，甚至思想范式。比如西方人显然更喜欢抽象逻辑思维，喜欢通过抽象的计算得出结论；而中国人更偏重于形象逻辑思维，喜欢情节演进和变化，通过情节演变得出结。

除了这些发现之外，方法这个东西还具有可重复性和指导性，即每一种方法都向人们揭示了在遇到类似问题时的方法再现。

----

① 尽管早在元代中国的先贤们就已经掌握了多元方程组的解法，但长期以来却只属于少数专攻人士的专利，根本就不属于寻常百姓。

② 实际上，方法没有"高低贵贱"之分，能解决问题的永远是最好的。据说当年美国人为了解决太空失重条件下圆珠笔写不出字的问题，花费数百万美元才使问题得以解决，并引以为豪。但后来当他们与前苏联宇航员在国际空间站相遇时，发现前苏联宇航员用铅笔在普通纸上写字，美国人真是哭笑不得。

━━ 例 1－2 ━━

绳子量井

与和尚分馒头类似，这也是一道经典中国算术题，说的是拿一根绳子丈量一口井的深度，假如把绳子单股放下去，当绳子的另一端到达井底时，井口上绳子还余 2 米；如果将绳子双股放下去，绳子一端在井口而另一端就够不到井底，还差 1 米。问题是：绳子有多长、井有多深？

比如我们现在就加一个条件：不许用方程组求解，你还会解决问题吗？

其实，这道题和刚才那道和尚分馒头是同一道题，问题是你是否真正掌握了刚才那道题的解法，如果是，那这道题就很容易了。

首先，我们还是用单股丈量，这时井口上绳子还余下 2 米（相当于给和尚发馒头剩两个）。现在，你不要马上把绳子拉上来变成双股，而是用一只手在井口位置按住绳子，把井口上余下的这 2 米放到井里去。然后，假如我们能够把处于井底的绳子的另一端往上拉，拉到从井口放下去的绳子的这一端，此时，绳子刚好是双股（就像给和尚发第三轮馒头）。

根据已知条件，双股绳子距井底还有 1 米，就是说从下折上来的这段长度为 1 米；又已知从井口上折下去的这段绳子长度为 2 米，因此我们可以推算出双股绳子的长度为 3 米。所以绳子的长度为 6 米，井深为 4 米。

现在让我们对方法做一个小结，方法是一种可以针对类似特征的问题重复使用的手段和模式，它具有实践指导意义，同时也包含了使用者的思想范式和思维方式。正是因为方法的这种思想性，使得对方法的总结已不再是个简单的归纳过程，而是一个从本源到本质，再到共性的系统化、理论化的过程，这就上升到了"论"的哲学层面上了。因此，方法论确切地讲应该是一个严谨的哲学概念。

现代意义上的方法论最早由英国思想家、哲学家培根提出来，其本意是推崇科学，反对遏制科学的宗教神学和经院哲学。培根在《新工具论》中总结了科学实验的经验，提出了新的认识方法。其后，包括笛卡尔、休谟、康德、黑格尔、马克思等在内的众多哲学家都对方法论的发展作出了突出的贡献，其中：休谟的"经验论"、康德的"先验唯心主义方法论"、黑格尔的"客观唯心主义辩证法"都是方法论发展史上的里程碑式的理论。而马克思的"唯物主义辩证法"更是被后世认定为"唯一科学的方法论"。

但本书并不是要探讨所谓哲学意义上的方法论以及方法论的哲学内涵，由于本书的目的是要阐述金融学作为一个独立学科的方法论体系，因此，我们在这里只讨论一般意义上的方法论内涵。

一、"方法论"与"世界观"

很多人对方法论的了解都是从这样一句话开始的：人们关于"世界是什么、怎么样"的根本观点是世界观，用这种观点作指导去认识世界和改造世界，就成了方法论。

这个对比性的命题给我们这样一个印象："世界观"是一种理念性的、原则性的和基准性的框架，而"方法论"则是一个操作性和规范性的集合。尽管我不能说这样的印象有什么错，但我却可以明确地告诉你：这样的印象可能会误导我们对方法论的理解。

这种误导主要体现在两个方面：一是割裂了"世界观"与"方法论"之间的联系，忽略了两者"相辅相成""螺旋递进"的辩证关系。"方法论"需要以"世界观"为前提和指导，没有基本的原则、理念和基准，任何所谓的方法都是零散的、不成体系的和非自觉的；只有确立了基本的原则、理念和基准，方法才能成为自觉的、成体系的。反过来，这种自觉的、成体系的方法集合一旦上升为方法论，它又必然回过头来影响世界观，或是丰富了世界观，或是促进了世界观的向前演化，甚至还有可能颠覆先前的世界观。而新的世界观一旦形成，它会再次"催生"新的方法论。

══ **例 1-3** ══

"阴、阳"与中国传统思想（世界观）的演变

"阴、阳"是中国文化中非常独特又非常经典的要素，也是中国文化最具代表性的精神特质，有人说，一个不懂阴阳之学的人不能算一个纯粹的中国人。这话并不过分。

很多对阴阳不解之人总是将其视为迷信，却不知现代科学已从多种角度证明阴阳思想的科学性。比如原子中有正电子也有负电子，这可能是最容易联想到的阴阳实例。但如果我们以为这就是阴阳思想的全部内涵那就大错特错了，我们的先贤认为：无极生有极，有极生两仪（即阴与阳）。这也就意味着在阴阳物质之外还有阴阳同体的物质，也就是阴阳之学所说

的雌雄同体，实际上易经中关于创造万物的伏羲与女娲就是同一个身体的传说从体系上说明了这种物质的存在性。但直到 1937 年，西方科学家才提出类似质疑，意大利物理学家埃托雷·马约拉那（Ettore Majorana）猜测，可能会存在一种正反同体的粒子，但一直没有得到证明。就在本书进入最后编辑阶段的时候，责任编辑张立华发来一则 2017 年 7 月 21 日刊载在《科学》杂志上的消息，说美国加利福尼亚大学洛杉矶分校、斯坦福大学以及中国上海科技大学等多个研究团队共同完成了一项重大发现：确实存在正负同体的"天使粒子"。这个重大发现回答了当年马约拉那的猜测，也完善了物理学的科学体系，但在我看来其精神归宿依然是中国古代阴阳之学。

于是我们不可避免地要面对这样一个疑问：中国古人在提出阴阳思想的时候（据传说是八千年前伏羲发明的阴阳），没有任何科学设备，更不要说现代科学仪器了，那他（们）是怎么发现的阴阳，又如何用阴阳之学来解释自然规律的呢？

尽管我们没有任何科学的记载，但从传统文化遗留的逻辑分析，中国古人对自然的认识应该是这样一个过程：他们首先把"人"定义为"天地之灵"，认为人是汲取了天地的精髓而化为"灵"的。这就是我们现在说的世界观。在这个理念和原则的引导下，先哲便认为，既然人是天地之灵，那么人的特征一定也是天地的特征，反过来，天地的规律也一定在人的身上得以体现。于是他们通过观察自身，推导出最原始的人对自然的认识——阴与阳。这就是方法论。

但方法论不是静止的，它是一个动态发展的过程。古人通过对阴阳的组合，结合自然界的种种现象，提出了八卦之说，后人又将其发展为六十四卦，并最终形成《易经》。《易经》不但是古人认识自然的方法体系，也是通过自然规律认识人自身的方法原则。这其中有科学的东西，比如影响中医学数千年的"五行之说"，也有被后人解读为迷信的成分，比如占卜。但不管怎样，这个方法论又再次地影响了中国人的世界观，比如中庸之道。即便这个方法论中某些宿命的东西，也在孔子所著《十翼》中被重新解读为"尽人事，知天命"，从而形成了中国人在喜欢占卜的氛围中依然不失积极上进的世界观。

世界观和方法论是一个不可分割的统一体，就像 DNA 的双螺旋结构一样，你割裂那两条链的联系，就不可能有遗传基因了。以往我们只注意到"有什么样的世界观就有什么样的方法论"，却忽视了方法论反过来同样作用于世界观的演变和进化。因此，我们研究任何一个方法论时，都不可以脱离与其相伴的世界观中的理念、思想，以及由此衍生的智慧。

二、"方法论"与"学说史"

一部科学发展史就是一部科学方法的演化史。美国科学史学家乔治·萨顿（George Sarton）曾经说过："一部科学史，在很大程度上就是一部工具史，这些工具由一系列的人物创造出来，以解决他们所遇到的某些问题。而这每种工具和方法的背后都是人类智慧的结晶。"因此，要想感悟方法论中的思想与智慧，不了解科学发展史是不可能的。我国著名化学家傅鹰也曾说过："科学给人知识，历史给人智慧。"

那么，我们该如何从科学发展史来学习、感悟方法论中的智慧与精华？是否可以通过学说史的学习来替代方法论的研究呢？要想弄清楚这些问题，我们得从"方法论"和"学说史"的一般对比中寻找答案。

首先，学说史——从其展开的逻辑上讲——是沿着时间维度展开的，即在体系构建上突出了时间的方向性。这是学说史的根本特性，这一特性决定了学说史作为一个学科在逻辑上具有"不可逆性"和"不可重复性"。而方法论则不然，它更强调方法之间的逻辑性和思想的传承性。尽管这里边有时间的顺序，但研究者不必完全拘泥于这个顺序，可以跳跃地、有选择地展开其主体框架。

以金融学的"无套利均衡"为例，这是金融学中最核心的思想之一。最早将这一思想运用于金融学问题研究的人是弗兰科·莫迪利安尼（Franco Modigliani）和默顿·米勒（Merton Miller），两人在 1958 年那篇著名的《资本成本、公司财务和投资理论》[①] 中，第一次使用了无套利均衡这个理念对其观点（后称"MM 定理"）进行了证明。但后来将此方法明确为"有效市场假设"的是尤金·法玛，而这个学说是在 1970 年提出来的。

再比如，资产定价理论的核心思想"风险中性定价"最早是在"布莱克—舒尔茨—默顿"（Black-Scholes-Merton）期权定价理论中出现的，时间应

---

① 该文于 1958 年发表于《美国经济评论》（*The American Economic Review*）上，其中关于资产结构与企业市值以及投资决策与融资成本的结论被后人命名为"MM 定理"。

该是 1973 年①。但这个理论所涉及的数学模型相当复杂（涉及随机过程、偏微分方程和概率密度函数），一般难以掌握，加之在其连续变化的框架内无法直接解决美式期权定价问题，所以，考克斯（Cox）、罗斯（Ross）和鲁宾斯坦（Rubinstein）在 1979 年提出了一种构建在离散变化框架上的"二叉树期权定价法"②。

如果我们要是把这两部分内容放进学说史的话，那肯定是先介绍 B－S－M 定价原理；但从方法论的角度而言，这里重点要展现的"风险中性定价"的思想及其对整个资产定价的深远影响，因此，展示越直接、越简洁越好。在这种情况下，时间顺序不是学科所要考虑的重点，重点在于解释风险中性定价思想的本质。所以你会看到我们先说二叉树，后面才介绍 B－S－M，而且介绍 B－S－M 的目的依然围绕着风险中性定价的"重要性"。

方法论与学说史的第二个差别在于体系的建构。学说史的体系虽然也以"演进""否定"为逻辑动力，但它首先要将每一个学说、理论、原理完整展示出来，然后分析其本质特征，最后找出其历史局限性，并以此为逻辑衔接引向下一个学说。而方法论体系的突出特征首先在于"打破"学说或理论间的界限，进而以思想或者理论为基准，去分析某些类学说或理论的共同之处，以及这些共同之处对于整个学科发展的推动（或者否定）作用。换言之，学说史是从历史的角度来"回望"前人的"成败得失"；而方法论则是从学科内在因果的角度来分析学科发展的内在动力。如果我们画一个以时间为横轴、以学说或理论内容为纵轴的坐标系的话，学说史显然是沿着水平方向构建其体系的，而方法论则是纵向折行展开。

当然，在我们强调方法论突出内在逻辑的同时，也不能忽视理论的演变、进化对方法论体系的补充和更新。读者将在本书第四章第二节"布莱克和舒尔茨的'弯路'"中看到这种进化的力量与意义。

三、金融学方法论的基本内涵和基本结构

通过前面的分析，方法论这个很容易模糊的概念渐渐清晰起来：方法论不

---

① 1973 年，布莱克和舒尔茨在《政治经济学杂志》（*Journal of Political Economy*）发表了《期权与公司负债的定价》一文，首次提出了期权定价理论。同年，默顿发表了同样理论。

② 该方法首次公开是在 1979 年 10 月，三人在《金融经济学杂志》（*Journal of Financial Economics*）发表的一篇题为《期权定价：一种简化的方法》中，对二叉树定价法进行了详细介绍。

单是我们认识世界、改造世界的方法，也不单单是指导具体科学的原则、规范和理论，而是人们在认识世界、改造世界的过程中总结出的原则、规范、理论，更重要的是历史的积淀、思想的演变和智慧的结晶的总和。其精华不在于方法体系或者学说历史，而在于影响整个体系研究、探索、挖掘和创新过程的理念、思想和智慧。

具体到金融学方法论，它所展现的是前辈金融学家们在运用金融学方法解决实际问题时所形成的理论的思想内涵，以及这些思想与后世金融理论和手段的发展、创新的思想理念的关系，并以此为基础，总结出的金融学方法体系、理论规范、指导原则和思想精髓。

为达此目的，本书将以图1-1框架为体系，依次展开。

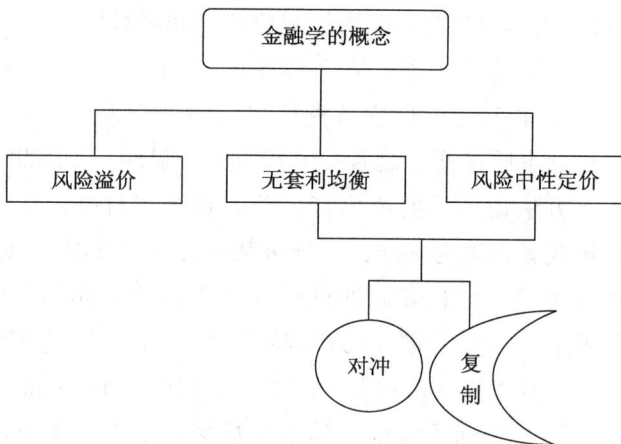

图1-1　金融学方法论的基本结构

从图1-1可以看出，本书的出发点是"金融学的概念"。这可能让很多读者感到奇怪，甚至还可能有人对此不屑：被作者一再强调是"集思想与智慧的总和"的金融学方法论，竟然从这么一个"简单的"问题开始？在此，并不想从逻辑学的角度展开所谓概念的重要性的阐述，只想诚恳地提醒读者，当你读完接下来的第二节的时候，也许就会明白本书以金融学的概念为起点的真正原因了，同时，你也许还会发现，一个看似简单的问题其实并不简单。

第二节　什么是金融学？

德国著名钢琴家施纳贝尔有句名言："莫扎特的钢琴曲对于一个弹琴的孩

子来说是很简单的，但对一个钢琴家就太难了。"

科学研究中很多问题也是这样，比如概念问题，很多人一提起概念就会想起老师的谆谆教诲：一定要记住。久而久之，好像概念就是一个考验人们记忆力的简单语句。其实不然，任何科学的全部逻辑其实都是从其最基本的概念开始的，尤其是当这个概念被长期误解甚至曲解的时候，对于概念的剖析就显得格外重要，过程也相当不轻松。金融学的概念极有可能就是这样一种状况。

一提起金融学，我相信大多数读者（甚至包括相当一部分业内人士）都会立刻联想起银行、保险公司、贷款公司、监管机构、股票、债券、基金等这些日常生活中与货币、资金等概念紧密联系的机构和工具，进而还会联想到以这些机构为主体、以这些工具为客体的交易及市场等场景，比如股市的大盘、银行的窗口等。总之一句话：只要和"钱"有关的，都和金融相关；或者也可以反过来说，金融就是关于"钱"的科学。这可能是大多数人对金融的第一印象。

比普通人更多一些专业知识的人，则会把金融与一般意义上的经济活动区分开来，他们把那些能够给我们实实在在生产产品、提供服务的产业统统归为"实体经济"；而把没有实实在在提供生产的金融行业统统归到"虚拟经济"的圈子里。

这两种理解（或者印象）对于人们正确认识金融及其意义有着不小的误导：前者使一些人对于金融的看法总带有"唯利是图"的色彩，尤其是在某些纯粹出于商业目的的所谓金融书籍的影响下，这种色彩里面甚至还要加上"尔虞我诈"；而后者则从学术的角度将金融置于位列实体经济之后的次要地位。两种倾向合力成就了当前学界和普通民众对于金融学的某种不可言状的"歧视"。这些现象对于我们正确理解金融学都是有害的。

一、金融学的作用与价值

在这里，笔者很想如大多数金融学书籍那样，从金融学对每个人的日常生活的作用说起，以便勾起更多读者的阅读欲望，但理性告诉我，这会矮化金融学的形象，反而可能误导读者对金融学的理解。实际上，金融学对现代经济最伟大的贡献是它对宏观经济发展的积极作用。

要想弄明白金融学的这种作用，还是让我们从传统经典经济学说起[①]。传

---

① 尽管后面我们还要说明经济学和金融学根本就是两回事。

统经典经济学一直将"提高资源的配置效率"作为自己的使命之一①，学习过经济学的人几乎无人不知那个著名的"黄油与大炮"的权衡命题。这个命题告诉人们：如果人类的资源是无限的，或者是可以反复再生的，人们就没有必要研究经济学了。恰恰是资源的有限性和某些资源的不可再生性，才使得如何"让资源最大限度地满足人们的需求"成了经济学"必须"面对的难题。但如何解决这个难题，传统经济学并没有给出令人信服或者是经得起实践检验的答案。

金融学（尤其是金融学在其发展早期）并没有强调自己在资源配置方面的作用，但是，金融学的实践却向我们展示了资源配置的有效且可行的途径②。

=== **例1-4** ===

资本市场对资源配置的贡献

在某些发达的资本市场（比如美国资本市场）存在这样一种制度安排："恶意抢购"制度。所谓"恶意"并非感情描写，而是专指收购他人企业有价证券（比如股票、债券等）的目的不是投资，而是占有或者支配他人企业。

在这样的市场制度安排下，任何企业的资产证券化（包括发行股票、债券等有价证券）都不再是简单的融资活动，因为市场参与者可以随时随地收购这些发行在外的有价证券，进而达到拥有或者支配发行者的目的③。

比如A公司，我们假设它只发行了一种有价证券：股票。且发行是依据其会计账面价值分割股份数来确定股票发行价格。假设A公司当前会计价值为100万元，总计发行一万股，每股发行价格为100元。另有B公司，是A公司在市场上的唯一竞争对手（主要竞争资源的支配权），而且也只发行股票这一种有价证券。B公司当前会计价值为150万元，总计发行一万股，每股发行价格为150元。现在两家公司都想通过收购对方股份进而达到拥有对方对资源的支配权的目的，但两家公司以各自当前的实

---

① 尤其是以"华盛顿共识"为基础的当代经典经济学。

② 这里所说的"最有效""最可行"是基于当前背景和科学发展水平的前提下的，或许未来还会有更好的办法，但至少目前我们对这些更好的办法还一无所知。

③ 这里我们对资本市场的其他相关规定暂且忽略，为的是省却了在各种限制性制度安排下复杂的收购技巧的分析，从而可以更清晰地分析恶意抢购制度实现资源高效配置的基本原理和机制。

力又都达不到收购对方的水平（假设控制权需100%控股）。那么，到底究竟谁应该成功收购对方，并且对于整个经济体的资源配置最有利的呢？

在这种情况下，决定权只有一个，那就是市场参与者的投票。资本市场的参与者（投资者）通过对两家公司股票的交易定价（二级市场价格）决定了这场你死我活的斗争的结果。投资者在决定股票价格的时候所要考虑的最重要因素就是这种投资给投资者带来的未来价值提升，而判断未来价值提升的最根本依据是该股票的发行者是否能够满足市场的需求、社会的需要以及经济发展的趋势。请注意：能够满足这些条件的企业就是应该获得资源支配权的人。

假如在投资者的定价博弈中A公司的股价从当初的100元上涨到200元（此时A公司的市值也从当初的100万元上涨到200万元）；与此同时，B公司的股价从当初的150元跌至15元（此时B公司的市值从最初的150万元变成现在的15万元)①。这就意味着B公司想收购A公司变得更加不现实，而A公司却因为价值的变化具备了收购B公司的实力。此消彼长的结果不单单是谁收购了谁，从整个经济体的宏观利益考虑，这个结果还使社会的资源得到了合理的配置。

尽管这个说明过程由于条件的限制显得过于简单了些，但实际过程的本质机理就是这个样子。在这个过程中，以股票这种金融工具为交易对象，以股票定价这种金融行为为基本范畴的金融活动令人信服地解决了资源配置的问题。而这些金融活动的指导思想全部来自金融学。

从总体上讲，金融学关于资源配置的逻辑基础是相信市场，这与经典宏观经济学中强调主观调控的观点大相径庭。

══ 例1-5 ══

凯恩斯主义的"举债救国"理论

有些经济学家笃信通过宏观调控可以改变经济周期，进而在经济下滑时期把经济重新拉动起来。对这种观点最早形成理论支撑的要数凯恩斯的"举债救国"理论了。

"举债救国"理论认为，当经济出现下滑趋势时，政府应该发行国债

---

① 读者不必对这样的假设感到不适，有时候，很多企业的贬值程度要比我们假设的更加严重。

募集资金，将这些资金投资于基础设施建设，尤其是大型基础设施，诸如机场、港口、铁路、公路等，通过对这项设施的投资可以拉动相关产业，比如钢铁、建材、大型设备等，而这些被拉动产业也有大批相关产业。于是，政府对基础设施的投资就会像收网绳一样，通过一两个点拉动全局。

凯恩斯的这个"完美的逻辑"屡屡失效的原因在于，我们对经济周期的理解太想当然了，而对我们自己影响经济运行轨迹的能力太过自信了。实际上，经济出现下滑，市场投资萎缩，这说明市场认为当前经济缺乏投资价值。而举债救国理论认为，政府知道市场哪里有投资价值，这岂不是说"政府比市场更聪明"吗？从这个意义上讲，若真如此，我们就没有必要搞市场经济了，应该搞政府经济。

二、到底什么是金融学？

即便是非金融学专业的人也可以对金融学的概念展开丰富的想象，但我相信，无论你的想象力怎么丰富，都不大可能想象到下面这个关于金融学的定义。美国投资学大师兹维·博迪（Zvi Bodie）和著名金融学家罗伯特·默顿·索洛[1]（Robert Merton Solow）认为："**金融学是研究人们在不确定性环境中如何进行资源的时间配置的学科。**"[2]

这个定义最出人意料之处在于，它没有提及任何我们能够想象到的与金融存在密切联系的词汇和活动，反倒是把资源配置放在了一个十分突出的位置。应该说，这是笔者见过的对金融学最严谨、最准确、最精练，也是最能体现金融学核心价值观的定义。

但在这里笔者必须澄清一点，博迪和默顿在金融学的这个定义中所说的"资源配置"不是宏观经济学所说的经济体共有资源的配置，他们指的是个体投资者如何根据自身需求把个人的资源实现最优化配置。

=== **例1-6** ===

苹果的配置方案

比如一个人种了一棵苹果树，正常产量是10个，他每年实际必须需要消费为10个，今年共结20个苹果。同时据预测，明年苹果产量有两种

---

① 1997年诺贝尔经济学奖获得者。

② 引自两位学者所著《金融学》一书，该书中文版由中国人民大学出版社出版。

可能：结 15 个或 5 个，概率均为 50%。如果结 15 个当然是个理想结果，但如果只结 5 个，那此人明年的必须消费就不能得到满足。现在的问题是：此人是否愿意放弃当前消费，拿出一定数量的苹果投资到可以对冲① 只结 5 个苹果的风险的金融产品中？愿意拿出几个，对冲掉多少风险？这个过程其实就是一个个人资源配置的过程。

不过，个人资源配置效率的最大化与宏观经济共有资源配置效率最大化并不矛盾，实际上后者是以前者为基础的，市场就是通过提供实现个人资源配置效率最大化的机制，来完成宏观经济资源效率最大化配置的。

=== 例 1 - 7 ===

胡杨与树虫

胡杨是生长在我国西北地区的一种抗旱能力极强的植物，但它的抗旱能力不全来自它的自身特质，还有另一种原因，就是树虫的"帮助"。

每年春季，当胡杨开始发芽长叶的时候，就会有大量树虫前来啃食幼芽或树叶，这样保留下来的叶子就会比刚开始少许多。由于叶子数量得到控制，因此当夏季来临时胡杨就不会通过叶子挥发掉过多的水分，从而增强了自身的抗旱能力。

实际上，市场形态与自然生态有着许多相似之处，参与市场活动的人首先要追逐的是个体利益的最大化，就像啃食胡杨叶子的树虫，它们的目的是通过啃食树叶维系生命。但一个市场要想存活，它就必须拥有一系列能够通过市场参与者追逐个体利益最大化的行为来实现宏观整体利益最大化的机制总和。就像胡杨允许树虫啃食自己的叶子，但它自己必须从中获得维系自身生命的效用，否则，胡杨自己都死了，还如何包容树虫的啃食呢？

引入这个例子只想说明一个道理，现代市场经济理论的核心是通过个体实现个体利益最大化来实现整个经济的利益最大化。人们参与金融活动的目的的确是追逐财富的增长，但宏观经济（当然包括实体经济）是从人们追逐财富最大化的过程中得到了"好处"的，否则，市场怎么可能容忍这样的制度安排与机制的存在呢？因此，请大家不要再戴着有色的眼镜来看待金融活动以及参与金融

---

① "对冲"是一个很专业的概念，本书第五章将对此作详细介绍。对于非专业的读者来说，你现在尽可以最粗略地将其理解为"把（全部或部分）风险抵消掉"就可以了。这在金融世界里是可以做到的。

活动的人，金融危机不是这些人追逐个人利益造成的，而是那些不懂金融学却稀里糊涂地参与到金融活动里来，然后错误地使用了金融工具或金融制度造就的。

现在我们回过头去看看博迪和默顿的这个金融学定义，以及更早时候介绍的资本市场对资源配置的贡献，就会明白：正是金融学理论为资本市场设计了一套"合理"的制度安排，使得市场交易在这套制度安排下形成了一个"完美"[①] 的运行机制，从而达到了优化资源配置的更高目标。因此，博迪与默顿的本意与本书所要表达的含义不但不矛盾，反而还高度一致。基于此，本书把这个定义拿来作为全书的逻辑起点。

当然，金融学对资源优化配置的贡献绝不仅仅在资本市场这一个点上，随着金融创新的不断发展，各种新型金融工具和交易层出不穷，各中心的价值载体也被发掘出来，它们在风险管理、资产定价、价值发现与价值创造等众多领域发挥出越来越多的作用，甚至还帮助市场参与者发现新型资源，并对这些新型资源的配置发挥着不可替代的作用。

═══ 例 1 – 8 ═══

《京都议定书》与"阿罗方案"[②]

《京都议定书》（以下简称议定书）是由《联合国气候变化框架公约》参加国于 1997 年 12 月在日本京都召开的三次会议制定的一项意在"将大气中的温室气体含量稳定在一个适当的水平，进而防止剧烈的气候改变对人类造成伤害"的国际性公约，这项公约的一项重要内容就是减少全球二氧化碳排放。

但与一般的约束性公约不同，议定书对于减排进行了充分有效的激励。具体做法是：它首先分配给每个缔约国一定数量的二氧化碳排放权，如果某缔约国能够通过减排技术的开发与应用节省部分排放权配额，那它就可以将这部分配额出售给其他缔约国；反之，如果某缔约国配额不够，那么它就必须向其他国家购买排放权以满足本国排放二氧化碳的需要。

这套方案有两个地方特别值得注意：一是确立了"二氧化碳排放权

---

① 我们必须郑重声明，这里所说的"完美"是一种理想状态下的模拟运行程度，这并不是说它没有缺陷。实际上人类所设计的完美机制永远是一个动态的过程，它随着外界的变化而变化，因此很难达到人人认可的"完美"。

② 本案例根据周洛华所著《金融工程学》（第二版）一书（上海财经大学出版社 2008 年版）相关内容改编。

作为一种稀缺的资源"的地位，从这一刻起，你仅仅有能源、技术、劳动力、原材料等是不够的，你还必须拥有二氧化碳排放权才能进行生产（除非你的企业不产生任何二氧化碳）。这种新型资源的重要性甚至不亚于石油；二是"减排不再是单纯地投入，它可以实实在在地增加减排者的财富价值"，这是一项非常重要的激励措施，也是整个方案能否达到目的的最重要一环，现在的问题是如何让这最重要的一环顺利运行并发挥出应有的作用。

要想弄清楚这一点，我们得首先回答三个问题：（1）二氧化碳排放权是不是一种有价值的资产？（2）如果有价值，这个价值该如何确定？（3）市场如何把低排放企业留下，同时把高排放企业摒弃掉？

第一个问题并不难，只要我们明确排放约束的强制性，排放权就成了排放性产业不可或缺的稀缺资源，因此其价值的存在性无须怀疑；

但第二个问题的难度陡增，我们究竟该如何给排放权定价呢[①]？从金融学的角度看，二氧化碳排放权首先是一项"卖方期权"[②]，允许其配额的拥有者将二氧化碳这种具有负价值的东西，以一个约定的价格将其出售给市场（排入大气层），从而避免了负价值带来的损失；其次它还是一项买方复合期权[③]，当企业用完了配额还要继续生产时，它就必须付出一定的代价购买新的排放权，而这些新的排放权就是允许企业以购入新排放权的代价为执行价格，买入生产利润和由此带来的企业价值。只有弄清了排放权的这两个期权属性，才有可能给出一个合理的价格。

而第三个问题的答案则可以从第二个答案引申出来，我们还是假设有A、B两家公司，A公司是市场认可的低排放、高效率，并且拥有先进的减排技术的企业；B公司恰好相反，必须以购买更多排放权为条件才能维系正常生产，并且创造不出任何减排技术。这种情况下市场如何把更多的资源"分配"给A公司，并且淘汰有害市场的B公司呢？市场不需要任何特殊作为，A公司会因排放的减少获得更多剩余排放权，当这些剩余排放权转化为市场价值时，企业获得了更多支配资源的资本；反观B公司，

---

① 在这读者切莫拿经济学的供求原理来解释价格的形成，具体理由本章第三节详述。

② 所谓卖方期权（如无特殊说明，本书所说期权均为欧式期权）就是允许其拥有者在未来某一时刻以一个现在就约定好的价格出售某种资产的权利。国内很多教科书也称其为"看跌期权"。

③ 这个概念过于复杂，一般读者可以越过这一部分。

正常生产都要依赖购买更多的排放权，在配额日益减少的大背景下势必步履维艰，直至难以为继。

当我们弄清了这些问题后，相信读者一定会对这套方案有一种钦佩感。其实，这套方案并不是议定书的拟定者设计的，它脱胎于美国著名数理经济学家肯尼斯·阿罗（Kenneth Arrow）[1] 在 1967 年为美国政府设计的一个意在激励减少二氧化硫排放的金融学方案，这个方案的内容和运行机制与议定书关于二氧化碳排放权的交易几乎一模一样，只不过议定书是把阿罗方案的标的物二氧化硫换成了二氧化碳，而且时间也晚了 30 年！更遗憾的是在那个连汇率成为交易产品都不可想象的年代，这个在今天看来十分精妙的方案几乎是"不可理喻"的，直到 1991 年，美国政府才根据阿罗方案建立了二氧化硫排放权配额交易体系，为治理美国大气污染作出了突出贡献。

说到这里，关于这套减排激励方案的介绍本该结束了，但一些市场专业人士一定还有另一个担心，排放权交易市场的参与者如果仅限于排放性生产企业的话（而且配额总量逐渐减少），那么能否保证市场有足够充分的参与者呢？因为一个交易不充分的市场很难说有效。

可能再次出乎你的意料，这个市场并不缺少交易者，除了具有减排技术并能创造剩余排放权的企业，以及那些需要排放权来支撑日常生产的企业外，大量的券商、投资银行以及对冲基金也涌入这个交易体系，目的是通过排放权交易来管理资产组合的风险。比如，某投资者资产组合中含有大量排放行业股票，他可以通过买入排放权来对冲部分风险[2]，因为这类企业排放越多，管制就会愈发严格，最终可能导致排放类企业市值缩水，而此时维系企业生存的排放权的价值就会上升，投资者可以用排放权的增值来对冲部分股票价值的下跌[3]。正是这些金融活动的高度活跃，才保证了排放权交易体系的准确、有效。

但是，故事到这还远没结束，就在大家以为解决全球变暖问题的市场方法可以顺利实施的时候，以美国为代表的少数西方国家拒绝在《京都

---

① 1972 年诺贝尔经济学奖获得者。
② 有时则需要卖出排放权来对冲风险。
③ 所以，请不要再歧视虚拟经济了，虚拟经济几乎无时无刻不在为实体经济提供帮助、支撑，没有虚拟经济辅佐的实体经济才是真正不可想象的。这里仅是一个小的案例。

议定书》上签字，表面上是因为排放配额分配分歧，但实质上却是一场争夺世界主导货币发行权的斗争。读者或许更困惑了：一个气候问题、环保问题，怎么和世界主导货币发行权扯到一起了？由于本书逻辑安排的原因，我不在正文中进行阐述，感兴趣的读者可以阅读本章附录《低碳经济与世界主导货币发行权》。

现在读者也许明白了，金融学绝不仅仅是银行、保险、股票、债券那么简单，它只是借助于这些机构和工具却发挥着更大的作用，来保证整个宏观经济的有效运行。正如美国投资家彼得·伯恩斯坦（Peter Bernstein）所说："华尔街从来就不单是买卖股票、债券、抵押贷款的地方，它是个人、企业甚至整个经济体预期未来的聚焦点。"

三、金融学的基本要素

金融学所说的资源配置不是简单的、罗列式的过程，它首先强调了这个过程的"不确定性环境"，同时还突出了"时间配置"这个概念。这两点构成了金融学最基本的支撑。

（一）时间

如果说金融学是一门艺术的话，那么它是一门关于时间的艺术，因此也有人说金融学实质上是关于时间的科学。金融学里的时间有以下三个特征[①]：

一是静态分布的时间。许多金融工具只涉及两个时间点，即"现在"和"未来某一时刻"，围绕着金融工具的决策是在"现在"这个时间点上完成的，而结果（或叫工具的结算）是在"未来某一时刻"发生的。比如前面说过的"苹果的配置方案"这个案例，投资人是否要对冲未来可能的风险、用什么工具对冲、工具的具体结算内容等，要在现在就作出决策；而至于具体的结算则要根据当初约定的内容，在约定的未来某一时刻进行。如果此间不需要动态管理（比如转让、增加或减少约定数量等），则投资者只许盯住这两个静态时间点就可以了。

二是动态分布的时间。有些金融工具不止牵扯到两个时间点，在工具存续

---

① 本书的这个归纳有很大的局限性，不仅因为时间这个概念太过复杂，即便在金融学的世界里，时间概念也可以从很多角度和层面去解析，比如从投资者基于价值的考虑，金融学的时间可以分为"主观的时间"和"客观的时间"。听起来很像是哲学问题的讨论，但这种差别在金融学里确确实实是存在的。由于这样的内容超出了本书范畴，故不作深入讨论。

期间，相关方可能会根据不断出现的新情况，或者自身需求的不断变化，来调整工具的数量、组合、方向等。比如期货，无论是多头还是空头①，都有可能根据自身需要来进行增仓、减仓、平仓等交易，而进行这些交易的时间点是不固定的、变化的。

三是时间的方向性。时间本就是一个方向性的概念，金融学的时间的方向性有什么特别吗？当然没有，但是，除了进化论之外，恐怕没有哪个学科能像金融学这样，自始至终、从不间断地突出时间的方向性与对整个金融行为，乃至整个金融理论体系的深刻影响。如果这样说略显晦涩的话，我们不妨从一个最通俗的角度来理解这句话的含义。

所有的金融行为决策，无论是投资、对冲风险还是资产定价，全都是站在现在的时间点上决定未来的事情。这句话说起来容易，但要做得到、做得好可就太难了，因为未来的任何一个时刻，哪怕是下一秒钟，对任何一个决策者来说都是陌生的、充满不确定性的。于是，不确定性就成了金融学第二个不可替代的要素。

（二）不确定性

我们首先要澄清一点，它是一个"中性"的词汇。很多书把不确定性和风险等量齐观，本质上并没什么错，但从汉语习惯来解读，风险这个词总是一个带有感情色彩的东西，即风险就意味着遭受损失的可能。但从金融学的角度解释，无论是"不确定性"还是"风险"都有两种可能性，即"坏的"不确定性和"好的"不确定性。前者可以简单地理解为"遭受损失"，后者则意味着"意外之喜"。比如那个苹果配置方案的例子中，明年的苹果产量可能有两种情况，这就是所谓的不确定性，在这两种可能中有一种是结出 5 个苹果，这显然没有达到正常预期水平，于是我们可以将其理解为"损失"；而另一种结果是结出 15 个苹果，超出正常预期水平，超出的部分即为"意外之喜"。

正如前面所说，由于金融学是一门时间方向性很强的学科，因此金融学离不开不确定性，我们甚至可以说：没有不确定性就没有金融学。那么，金融学到底要研究不确定性的什么？是猜测不确定性的结果吗？对不起，这种工作永

---

① "多头"和"空头"这两个词汇译自两个英文词组"long position"和"short position"，非专业读者可以简单地将这两个名词理解为一项标的物的"买方"和"卖方"即可。国内有些书籍将这两个词组译成"长头寸"和"短头寸"，让人忍俊的同时，又不由得感慨：英语考试非但不该取消，反而很有必要加强。当然，我们这里指的是提高能力的英语考试，而不是学生们热衷的四六级。

远是算命先生的专利，金融学不会帮人算命。金融学所要研究的是这种不确定性的时间价值，并以此为依据，研究各种金融手段的交易价格。通俗些说，就是研究什么水平的风险与什么水平的预期收益相匹配，并据此算出相关的金融决策到底有多大价值。

比如你现在面临两只证券的投资选择，分别是 A 证券和 B 证券，如果只能投资一只证券的话，你应该选择哪一只呢？原则当然是价值高的那一只，但问题是哪只的价值更高呢？这是金融学要研究的。进一步，假如这两只证券的风险水平都超出了你的预期，你必须用一种手段把其中的一部分风险对冲掉，你应该选择什么手段，应该为这种手段付出多少代价？金融学同样会给出答案。

所谓对冲掉一部分风险，实质上就是克服一部分不确定性，而克服不确定性的最根本的工具是**信息**，这也是金融学的基本要素之一。

（三）信息

信息与不确定性可为一对"天敌"，所谓不确定性，说到底还是对某一事物信息了解得少；反过来，一旦信息充分了，不确定性就会大大减少，甚至消失。

===== **例 1 - 9** =====

"赌"石

我们东方人对玉有着特别的情结，很多首饰、把件都以玉为原材料。然而在玉石市场上，自古便有"黄金有价玉无价"之说，因为玉石的差异巨大，而且每一块玉石都是天然形成的，也就是独一无二的，这就给玉石的定价带来很大麻烦。尤其是未经雕琢的玉矿石（外面包着厚厚的石浆），更因为不了解其内部结构而价格莫测。于是，在玉矿石市场上就会出现了一种特殊的交易——赌石。

赌，顾名思义，就是在参与者均不知道结果的前提下对可能的结果的一种有奖惩的猜测。对于玉矿石的赌，也是对可能的结果的猜测：猜对了，一本万利；猜错了，血本无归。这种对于结果的不确定性给交易的双方都带来了巨大的风险，也伴随着巨大的机会。但有些交易者承受不了这么大的不确定性，会要求做部分打磨（即打掉一部分石浆），让里面的信息显现出一些，以便使定价更趋合理。

打磨之后无外乎两种结果：要么价值连城，要么一文不值。但不管哪种情况，结果都使原有的不确定性大幅降低，而降低不确定性的根本力量就是信息。

正因为信息与不确定性有着如此特殊的天然关系，而不确定性又是金融学的本质要素，因此，信息也就与金融学密不可分了，后面我们要介绍的有效市场就是依据资产价格所反映的信息集的大小而定的。

但信息并不是克服不确定性的唯一要素，甚至在某些领域不是最重要的要素。现代金融理论更强调**能力**对不确定性的克服功能。这里的能力专指抵御风险的本质属性。

（四）能力

比如一个农民，他的生产总要面对各种各样的不确定性，最直观的，天气不确定性就是农业生产的最大天敌。农民该如何克服天气的不确定性呢？他当然可以根据民间经验或者气象部门的预报来调整生产（用信息克服不确定性）；他可以干脆建起大棚，将天气的不确定性排斥在生产之外，这就是农民自身克服不确定性的能力。

当然，金融学不是研究怎么去帮助农民建大棚的，它在帮助农民建立克服不确定性能力方面用的是金融工具。最简单的，它研究农民如何运用保险来提升克服风险的能力，比如该付出多少代价、该选择多大比例等。高端点的，金融学理论已经指导建立的天气指数期货，也是提升抵御天气风险的利器。

这里我们还有一个要郑重说明的问题。国内的很多金融学书籍在谈到"风险"这种事物的时候，几乎不假思索地就加上"规避"这个词汇，好像风险就是用来规避的，其实非常片面。很多时候，对于自身抵御风险能力很强的企业来说，它更应该做的不一定是"风险规避"，有可能是"风险暴露"。

▬▬ 例 1 - 10 ▬▬

水力发电厂为什么不愿意接受长期价格合同？

"搞企业先找市场"几乎是当代企业家的一句口头禅，但怎样算找到了市场却不是每一个企业家都明白的。水力发电站在建站之前也要找市场，说白了就是找需求。一旦找到了市场，发电站就会立刻与电力需求方签订供电合同，约定供电的时间和容量。但水力发电站却很少（除非不得已）事先约定价格，这可能是许多"先找市场"的企业家不理解的。

其实道理很简单，电力价格是一个波动的变量，波动的方向无外乎两个：一是上涨，二是下降。对于电力出售方来说，当然不愿意看到价格下跌。但是，如果电价真的下跌了，水力发电站也有自己的处理办法，即保证履行合同供电量以外，不再增加发电量；如果设计产能超出合同供电量，发电站可以随时关闭部分发电设备以减少生产成本。这里面有一个非常重要的事实：水力发电的关闭及再启动成本是相对较低的。而如果电价上涨呢，发电站不会因合同限制而享受不到电价上涨带来的好处。这样一来，水力发电站将自己暴露在电价波动的不确定性中的好处要远大于对不确定性的规避①。

与水力发电站风险暴露偏好恰好相反的是火力发电站的风险规避偏好。火力发电的最大弊端在于：发电机组的关闭和再启动成本极高，因而经受不起电价下跌的"打击"。所以，几乎所有的火力发电站在正式发电之前都与电力的需求方签订长期合同，其中最重要的条款之一就是约定价格。事先约定好价格固然可以帮助企业规避了价格风险，但也彻底失去了未来价格上涨所带来的巨大利润。

我相信，很多读者看完这个案例之后都会不以为然：风险暴露固然有好处，但你能说风险规避的价值就比暴露低吗？或者，这也许就是经济学所说的个体偏好，有人偏好风险，有人不偏好风险，仅此而已，又怎能说明孰优孰劣呢？在具体分析这个问题之前，我们不妨再看一个例子，也许对于我们理解其中道理有所帮助。

═══ **例 1–11** ═══

金矿公司应该规避风险吗？②

这是那些金矿公司风险管理部门长期以来一直争论的一个问题，其中赞成规避黄金价格风险的代表公司就是大名鼎鼎的美国 Barrick Gold 公司，而反对的一方也有名声显赫的 Newmont 公司。两家位列同行业已探明储量和年产量全球排名前两位，就影响力来说难分伯仲。但两家公司截然相反

---

① 这个好处究竟有多大，下面关于黄金公司的案例可能更具说服力。
② 本案例根据周洛华《金融工程学（第二版）》（上海财经大学出版社）和费利穆·鲍意尔、费利德·鲍意尔《金融衍生产品：改变现代金融的利器》（中国金融出版社）相关内容改编。

的做法，却使两家的市值[1]泾渭分明：Newmont 的股票市值远大于规模几乎旗鼓相当的 Barrick。

这在金融学家看来几乎是不可接受的，市场派学者会告诉你，这只能说明一个问题：Barrick 的做法是错的，Newmont 的做法是对的！那么，Barrick 错在哪儿呢？当然是不应该采取风险规避措施。金矿公司普遍有一个特点，关闭和再启成本并不像想象的那样高，当黄金价格暴跌时，金矿可以采取减产直至停产来躲避暴跌带来的负面影响。而一旦金价反弹，金矿便可增加产量获取更多的收益。可是，一旦金矿采取了金价风险规避措施，比如像 Barrick 那样给几乎每盎司黄金都签订上远期合约（这实际上就是通过锁定黄金售价来规避金价风险），倒是可以避免金价下跌带来的损失，可金价上涨的好处呢？早被"（对）冲"到九霄云外了！可正如刚刚说过的，金价下跌你可以减产甚至不产吗？

这种做法的结果是：1999 年，国际金价大跌，很多美国金矿公司都通过"针对超出未来产量的部分出售买方期权（允许对方从本方以一个约定的价格买入黄金）"的办法来规避金价波动。然而，就在同一年，金价后又大涨，这些金矿公司的股票全面暴跌！著名的 Cambior 公司股价比年初大跌40％！个别的还出现了倒闭的情况（有的是被恶意抢购了，有的是被打爆仓了）。这一点都不奇怪，市场对一家公司股票的估值是基于其预期表现的，当出现了重大利好时，你却把自己严严实实地封锁在利好之外，谁还敢相信你有能力把企业经营好？谁还愿意拿着那些被市场证明不值钱的股票呢？

经过了这轮"避险灾难"后，2000 年 2 月 4 日，Barrick 对外宣布：今后将减少意在规避金价风险的对冲交易。

现在问题开始清晰了：无论是前面说的水力发电站也好，还是后面提到的金矿公司也罢，实际上，它们自身是有一定的抵御风险的能力的，无需特殊手段来避险；而避了险，利好的反而也被排斥掉了。因此，我们可以得出一个初步结论[2]：有能力的企业采取风险暴露措施要好于风险规避。

---

[1] 企业的市值对于金融学来说是一个非常重要的概念，本书以后的内容会经常提及这个词汇，请读者特别留意。

[2] 这里我们只能给出一个初步结论，实际过程要复杂得多。而进一步的讨论应该归属于金融学的一个分支学科"风险管理"，因此本书不再详述。

说到这，笔者还想跟市场的管理者交代一句：必要的风险是市场参与者前进的动力，尤其是当有人需要把自己暴露于风险面前时。过分干预市场风险，不仅打乱了市场秩序，同时也会给市场带来更大麻烦。

═══ **例 1 – 12** ═══

2000 年，加州为什么缺电？

这又是一个搞金融学的人经常讨论的案例，说的是 2000 年美国的加利福尼亚州因异常天气造成的对电力的增大需求无法得到满足，从而造成"电荒"的故事。多年后，学者对这次事件的解读归纳起来有两点：一是加州政府实施了限价措施，既抑制了消费者节约用电的动机，也阻碍了电力企业增加电力生产设备、加大电力生产的预判；二是电力衍生品不该限制，否则就不会有那么多电力企业因电价过低而退出市场。

不能说这些总结完全是错的，但总觉得问题没说在点上。限制电价的最根本错误在于人为"删除"了电价风险，导致一些本有能力暴露于风险面前的企业得不到风险暴露的好处，于是它们宁愿退出这个市场去干别的。事实也确实如此，1996 年以后，很多加州的电力公司都将水力发电站转让出去，转而去做电力经销商（买电卖电）。结果到了真缺电的时候，加州的发电能力哪还来得及再造？

这个案例告诉我们，不确定性是有价值的东西，当然要分对谁，对于有能力抵御不确定性，并且渴望从不确定性中获得"好处"的人来说，它就是有价值的。如果我们不分青红皂白，一律采取"厌恶"偏好和排斥手段来对待它的话，那将会扼杀许多本该留在市场上并对经济作出贡献的参与者，最终使经济整体蒙受损失，这绝不是危言耸听。

现在我们来做个小结，我们已经讨论过的金融学基本要素有这样几个：时间、不确定性、信息和能力。这四个要素交织在一起，就构造出了一个纷繁复杂的金融世界，同时它们也是我们理解金融学方法论与世界观的最基本因子。

四、金融学的应用范畴

通过前面对金融学所做的诠释和剖析，我们知道金融学不是一个如一般理解的那样狭隘，而是一个应用相当广泛的学科，那么，金融学到底可以应用到哪些领域呢？如果你还记得前面说过的解决环境污染的金融学方案的案例的话，我想你一定会明白要回答这个问题有多难。实际上，随着现代金融学理论的不断发展，金融学的研究范畴已大大超出我们的想象。笼统地说，凡是涉及时间、不确定性、信息和能力的地方几乎都能用到金融学的方法和理论。但为了帮助读者能够有一个简洁的认识，我们还是从应用者主体来分析一下金融学的应用范畴，虽不能穷尽其解，但也算给读者一个深入进去的逻辑脉络。

（一）个人的应用

正如前面所说，早期金融学主要研究如何帮助个人进行资源的配置，比如存款、投资、保险、纳税、消费、事业规划等，也就是我们今天所说的个人理财。早期个人理财的核心内容是如何管理好自己的财务，因此，这一时期的金融学理论也就与财务管理密不可分了。

但是，随着环境的变化和经济的发展，个人理财的需求呈现多样化趋势，这种趋势也刺激了金融产品和金融机构的创新与发展，在这种情况下，再依靠一般的财务管理知识显然无法满足个人理财事业的发展需要，更多的创新理论被纳入进来，比如金融衍生理论等。

也许你感觉不到这种理论的进步，这是因为个人理财需求的多样化使得个人理财越来越复杂化，并最终催生了专业化金融服务，你的实际需求都由这些专业化机构来满足了。

（二）机构投资者的应用

对于机构投资者来说，最大的压力无疑来自客户的需求，即便这种需求并不过分，比如退休金，客户的需求无外乎是到他们退休时能够拿到足以满足他们预期的资金保障。但就是这样最基本的要求，对于某些退休基金来说也是困难重重的。造成当前现象的原因不都是人口结构、人事制度问题，更重要的是基金的管理者缺乏必要的管理和盈利能力，造成基金升值缓慢，无法满足客户的实际需求。

类似情况国外也发生过，美国在 20 世纪 50 年代退休基金资产总额增长超过 10 倍！少数几家机构投资者管理数千亿美元的资产，这就迫使机构投资者不得不在投资组合管理、金融产品创新方面大下工夫，各种期权、期货、互换、保险不断涌现，目的就是在一定风险范围内尽可能地实现收益最大化。而几乎所有的金融（产品、服务）创新都需要金融学的理论创新为支撑，比如指数基金以资本资产定价理论为支撑，比如波动率交易是源自布莱克—舒尔茨—默顿期权定价理论的创新，比如贷款利率定价依据资产证券化理论的出现，比如理财产品设计依赖完全对冲理论等。

（三） 企业的应用

对于工商企业来讲，以前我们一说到金融学的应用，似乎就只能局限在融资这一件事上，什么融资成本、融资方式，好像就是企业金融活动的全部了。实际上，随着企业对资金管理的需求的不断发展，新的公司金融理论不断涌现，研究的范围也从之前的"融资"拓展到"投资"和"资金运行管理"。

但这还只是冰山一角，现代金融学理论的发展又将其在企业经营管理中的应用向前推进了一大步。比如我们已经提到的企业风险管理，还有我们还没有提到的企业的并购、拆分战略等，还不止这些，有些金融学理论实际上已经渗透到企业的日常经营管理中，比如上市公司如何根据市值变化来调整经营策略、如何通过能力提升来实现企业价值增长等。

（四） 宏观经济决策的应用

金融学理论在宏观经济中的应用在很多国家都相当薄弱①，这里面既有历史原因，也有人为因素。

从历史层面看，很多金融学理论的出发点是个体投资，而非宏观经济调控；反过来，经济学自从凯恩斯主义之后就一直把宏观经济作为自己的主要研究对象，因此，顺理成章地，很多宏观经济决策就以经济学理论为理论基础了。然而，正如我们前面所说，很多经济学理论在宏观经济实践中并没有发挥其想象中的作用。

从人为因素看，传统经典经济学主流学派一直没能超越固有园囿，将所谓的"虚拟经济"置于次要地位，对于现代经济体系的变化以及来自金融学的科学意见表现得敏感和抵触。正如哈佛大学古生物学家史蒂芬·古尔德（Stephen Gould）所说："现代学者经常把自己的专业领域视为一座要塞堡垒，把自己看成是护城墙上的弓箭手，紧盯着平原上是否有外来的入侵者。"

这种"偏见"的结果就是，宁可相信已经被实践再三证明是错误的理论，也不愿意接受来自其他学科的科学建议。在这方面，金融学可谓深受其害。因此，我们很有必要在本章的最后部分为金融学的"合理地位"做一次正名。

---

① 请不要把金融管制、金融机构改革以及某些与经济学意义上的投资相关的政策理解为金融学在宏观经济中的应用，在很多国家，这些宏观决策的理论基础是经济学，而非金融学。

第三节　金融学与经济学的关系

长期以来，人们有一种认识：金融学是经济学的分支。在我国，这种倾向尤为严重，在高等教育体系中，经济学是一级学科，而金融学是二级学科。于是，就形成了金融学从属于经济学的认知。这种认知不但在学术界被普遍接受，在学术圈子以外，也没有异议。

但真正懂得金融学的人都知道，当一个人不能走出经济学的思维范式，只能用经济学的方法去研究金融问题的时候，那他分析金融问题和解决金融问题的能力就会受到极大的限制，甚至在错误的道路上越走越远。实际上，金融学是一个独立于经济学的学科，它有自己的规律和逻辑，只有掌握了金融学的思想方法，才能真正理解金融学，并学会分析、解决金融学问题的方法。

在具体介绍相关内容之前，我们不妨先看一个小故事，或许对于我们打开思路有所裨益。

═══ **例 1–13** ═══

"四个和尚"的故事[①]

我们小的时候都听过"三个和尚"的故事，它在告诉小朋友"大家需要互相帮助"的同时，也向成年人们揭示了现实生活中的一种现象，即"一个和尚挑水喝，两个和尚抬水喝，三个和尚没水喝"。

大家也许没有注意，其实这个故事也反映出现实经济活动与经济理论的某些实质特征。当庙里只有一个和尚的时候，他所要做的是个人效用最大化，在"成本—产出"的基本框架下，他决定挑水，以达到边际产出的最优化。实际上，这就是微观经济学的研究主题，也就是说，经济学的最基本出发点就是"一个和尚"的故事。

但在完全市场条件下（或者趋向完全市场条件下），垄断是暂时的，当新的进入者参与到竞争中来的时候，基本框架就会被改变，就需要新的最优均衡。很快，庙里又来了一个和尚，这两个和尚实际上就构成了一个"双头市场"[②]。最初，经济学对垄断竞争市场的最优均衡并没有解决，这

---

① 该故事根据周洛华《金融工程学（第二版）》（上海财经大学出版社）相关内容改编。
② 即有且仅有两个寡头的竞争垄断市场。

时一个新兴学科的出现解决了这个问题，这就是博弈论。根据博弈论的"囚徒困境理论"[①]，双头市场的参与者不可能达到原本垄断时的最优均衡，他们必须放弃一部分各自的利益，通过"勾结"来达到一种相对于原来最优均衡的次优选择，其实就是"两个和尚抬水喝"。

　　然而当第三个和尚出现的时候，无论是经济学还是博弈论，都没有拿出更好的解决办法。这个时候，金融学理论给出了解开这个难题的思路：假设三个和尚都预期今后会有来庙上的香客要买水喝，于是，三个和尚首先估算一下今后来庙上上香的香客人数、对饮水量的需求以及可接受的价格，也就是金融学常说的"预期收益"；然后再估算一下某些可能造成香客不买水喝的可能性有多大，即金融学所说"风险"；最后，在权衡"预期收益"与"相应风险"的基础上，决定三个和尚到底应该通过怎样的合作来完成取水工作。

　　三个和尚一旦完成了"风险—收益"测算，就等于建立了一个市场新的准入基准，如果有一天第四个和尚来了（包括第四个和尚在内的更多新来者），那么这个（或者这些）新来的和尚就必须依据这个市场的均衡来决定自己是留下（承担风险并获得相应收益）还是离开。这实际上就是诺贝尔经济学奖获得者哈里·马科维茨（Harry Markowitz）的"资产组合"理论的核心思想。很快我们就会知道，马科维茨的这个思想是金融学最重要的逻辑原点。

　　尽管这个故事还不能系统全面地阐述金融学与经济学的区别，但至少我们已经看到两个学科所针对的问题、环境和基本的假设前提是不同的。而这种"不同"有别于分支与主干的"差异"，而是本质的区别。下面罗列的是金融学与经济学的几个主要区别。

一、研究的对象不同

　　每个学科都有非常复杂的对象体系，但这些复杂的对象又都能追溯到起初

---

　　① 囚徒困境理论讲的是，两个嫌疑犯作案后被警察抓住，分别关在不同的屋子里接受审讯。警察知道两人有罪，但缺乏足够的证据。如果两人都抵赖，按照法律只能各判刑一年。于是警察告诉两嫌疑人：如果两人都坦白，各判八年；如果两人中一个坦白而另一个抵赖，坦白的放出去，抵赖的判十年。于是，每个囚徒都面临两种选择：坦白或抵赖。然而，不管同伙选择什么，每个囚徒的最优选择是坦白。

的一个起点上。因此，我们对金融学与经济学研究对象的分析也是从学科的最初问题说起，并以高度归类的方式展开。

简单地说，经济学的最基本研究对象是**商品**，经济学纷繁复杂的体系是从研究商品的供给与需求开始的；而金融学的研究对象是**资产**，金融学的所有理论支点全都落笔在围绕着资产的研究上，即使应用的领域再广泛，最终还是把其他领域的事物转化成资产来研究，比如前面说过的二氧化碳排放权。

商品和资产有什么区别呢？根据经济学的定义，商品是能够给人们带来效用的交易对象。比如，你买一瓶矿泉水喝，你的目的是用矿泉水来解渴，解渴就是矿泉水的效用，因此它对你来说就是商品。

而资产则不然，它是满足人们对财产保值增值需求的交易对象。比如你买一只某矿泉水企业的股票，你的目的就是通过股票的升值来实现你个人财富增值，除此之外，股票并不能给你带来类似于商品的效用，最起码，即便是矿泉水企业的股票也没法满足你解渴的效用需求。

读者可能会想到这样一个问题：当你以批发价买入一箱矿泉水，然后再以零售价出售这些矿泉水，赚取整零价差，那箱矿泉水对你来说是不是就成了资产了呢？回答是"不是!"因为，矿泉水的最终需求者一定是冲着它的效用购买它的，也就是说矿泉水最终是以商品形态被交易并消费的，这中间不管经过多少道手续，中间商都只起到了传递的作用，并没有改变交易对象的商品属性。资产则不然，比如股票，不管经多少手，最终那个购买股票的人还是因为它具有保值增值职能而购买它的。所以，千万不要误以为所有能赚钱的对象都是资产。

但是，有些东西确实兼有商品和资产两种属性，实践中很难确定究竟该算是资产还是商品，比如房屋①就是最典型的例子。从原始意义上讲，房屋就是商品，因为它是用来满足人们居住的效用需求的。然而在现代经济社会里，房屋又很容易转化成资产，因为有些人买房不是为了住的，而是为了"炒"②。这就意味着对于这部分人来说，房屋扮演的是帮助购买者实现财富保值、增值的角色，那它就具有了典型的资产属性。而且，我们也很难确定房屋的最后购买者到底是为了住还是为了"炒"，因此，房屋的属性就变得难以界定了。

---

① 除了房子以外，奢侈品也具有类似特点：一个 LV 的皮包，不管你用什么经济学原理来解释它的价格，都是不可想象的。这里只有一个解释：LV 不再是单一的商品，它已经具有了很多资产属性。但对于这种双重属性的商品到底如何定价，学界并无统一结论。

② 即使不"炒"，只是为了出租，那房子依然是资产的表现形式。

不同的研究对象决定了不同的基础均衡。

二、基础均衡不同

由于经济学以商品作为最基本的研究对象，因此，经济学的最基础均衡就是围绕着商品供求关系以及商品定价的**供求均衡**；而金融学以资产为研究对象，它的均衡是围绕着资产定价的基本均衡。但是，长期以来，人们对资产价格的形成机制缺乏科学的认识，常常以商品价格的供求均衡作为研究资产定价的基准，结果是错误百出，而后果就更加严重了。

我们不妨以房地产定价为例来说明这个问题。前面说过，房地产是一种特殊物品，具有商品和资产双重属性。一般来说，具有双重属性的物品的定价有一个基本原则：交易双方达成的最高价格是由哪种属性决定的，它就以这个属性为主。比如房地产，市场上有两类消费群体，一类是买房居住的，这个群体将房地产视为商品；另一类群体是"炒"房的，客观上，他们将房地产视为资产。这时要看房地产市场的最高成交价是被第一个群体接受，还是第二个？如果是前者，那不必说，房地产的主要属性是商品，房价就是供求均衡的结果；但如果是后者，那毫无疑问，供求均衡对房价没有任何影响，比如中国当前的房价就是后面这种情况。

═══ **例 1 - 14** ═══

2007 年，中国的房价调控政策为何"失效"？

中国的房价自 2003 年以后出现了快速上涨的趋势，到 2006 年，全国平均商品房售价累计上涨 42.72%[①]！于是，国家在 2007 年打出了一套频率极高的调控房价"组合拳"，通过多达 6 次提高贷款基准利率来遏制房价的上涨速度（详见下表）。

时间	贷款基准利率
2007. 12. 20	7.47%
2007. 09. 15	7.29%
2007. 08. 22	7.02%
2007. 07. 20	6.84%

① 根据国家统计局数据查询网站提供的数据测算。

续表

时间	贷款基准利率
2007.05.19	6.57%
2007.03.18	6.39%

数据来源：数据来自人民银行网站。

然而，房价不跌反涨，到 2007 年 12 月，全国商品房平均价格比 2006 年同期上涨 14.77%[1]！也就是说，这套组合拳打空了[2]。是什么原因造成了这种局面呢？

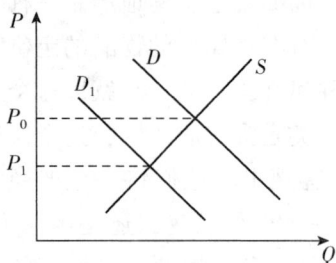

图 1-2 均衡价格示意图

从经济学原理看，用提高贷款利率的手段打压房价有着严密的逻辑：贷款利率提高必然是房地产需求减少，在房地产供给不变的情况下，均衡价格必然下降。这种逻辑关系和变化机制似乎不需要太多经济学常识也很好理解，正如下图所示。

图中 S 为房地产供给，D 为房地产需求，P_0 为市场均衡价格。按照经济学的解释，当贷款利率上涨时，房地产需求就会减少，D 会向左移动到 D_1，市场均衡价格也会由原来的 P_0 下降至 P_1。

可惜，市场看不懂这张图，也不明白其中的道理[3]，它只会按照自己的规律去运行。

其实，经济学的上述逻辑本身并没有错，只是在这里用错了地方。供求均衡原理对于分析商品价格是对的，但由于房地产价格已经被其资产属性所控制，因此再拿研究商品价格的理论来分析房地产价格显然是"药不对症"了。这个例子从一个侧面告诉我们：用"供求均衡"来判断资产价格是错误的[4]。

---

[1] 根据国家统计局数据查询网站提供的数据测算。

[2] 其实，从金融学的角度看，这套拳不是打空了，而是助长了房价上升势头。具体解释详见本书第二章相关内容。

[3] 很多经济学领域的学者真就是这么认为的，至少，他们认为市场是不理性的。然而现代市场经济研究却总是在向我们解释这样一个结论：人，没法证明自己比市场更聪明。

[4] 这是一个相当重要的理念，也是你真正步入金融学大门的第一步。但很多初学者都在这个问题上犹豫不决、将信将疑，因而也就推迟了走进金融学的时间，甚至永远徘徊在金融学的大门之外。其实解决这个问题并不难，你只需要一个科学信仰就够了，这就是"实践是检验真理的唯一标准！"

资产的价格由资产的均衡来决定，这个均衡在金融学里叫"**无套利均衡**"。由于逻辑顺序的关系，我们在这里只能先提出个名称，具体的内容和思想将在本书第三章中详细介绍。

三、思维方式不同

除了上述学科自身体系和本质的不同外，两个学科的思维方式也大相径庭。经济学崇尚**边际思维**方式，用一个数学教师的话说就是，经济学家每遇到一个问题，他要做的第一件事就是先求个一阶导数①，然后再来说经济学的事儿。这种边际思维经常表现在经济学的结论或命题中，比如关于经济行为理性的定义，经济学认为当边际收益大于等于边际成本时，这个行为就是**理性**的；反之，就是不理性的。

══ **例 1 – 15** ══

煤炭液化项目是否可行？②

2012 年，中国的石油消费居世界之首。同时，由于中国并不是一个石油大国，因而石油进口量也是世界第一。但中国是一个煤炭大国，假如煤炭可以被用于开发生产燃油，那将大大缓解国内石油需求压力。

假设有人向某燃油公司提出一项可用煤炭生产汽油的技术项目，燃油公司是否同意投资呢？普通人会说，应该投资，这样就不用进口那么多石油了，也不用受制于国际油价了。但经济学家却"理性"得多，他们会问：每吨的生产成本是多少？每吨的收益是多少？当得知该技术生产一吨 93 号汽油的成本是 10 000 元，而 93 号汽油当前市场价格为 9 000 元时，经济学家的结论是：该项目不可行。道理很简单，边际收益小于边际成本，投产就赔钱，岂不是"赔本儿赚吆喝"吗？于是，在经济学家的建议下，该燃油公司拒绝了这个项目。

但当金融学家听说这件事后，他没有马上下结论，而是考察了当前汽油期权市场的汽油买方期权价格。当期得知市场上执行价格为 10 000 元的 93 号汽油买权价格/吨大于（或等于）煤炭液化技术的单位生产成本（即每吨所占总生产成本）时，金融学家的结论是：该项目可行。

---

① 函数的一阶导数值近似等于经济函数的边际值。

② 本案例根据周洛华《金融工程学（第二版）》（上海财经大学出版社）相关内容改编。

那么，到底是经济学家的结论对呢，还是金融学家的对？我们假设有A、B两家一模一样的燃油公司，且这套设备的建设期为零①。现在，A公司听取了经济学家的意见，没有投资此项技术。B公司听取了金融学家的意见，立刻上马该套设备，与此同时在市场上出售基于新设备产能、执行价格为10 000元的93号汽油买权。（1）如果到期买权的多头不执行期权（也就是到期93号汽油实际价格低于10 000元），那B公司就"白赚"了期权费。而且，B公司还可以继续凭着这套设备出售同样的期权；（2）但是，如果期权的多头行权了呢？比如到期93号汽油实际价格为11 000元，多头每执行一吨就可以赚1 000块钱。这时，B公司就得跟着"被执行"了。但它不怕，因为它可以立刻开动设备生产期权的标的资产——93号汽油。由于我们前面已经假设"执行价格为10 000元的93号汽油买权价格/吨大于（或等于）煤炭业化技术的单位成本（即每吨所占总生产成本）"，当B公司支付足额汽油给多头后，B公司仍有结余。同样地，它今后还可以继续以这套设备为依托出售期权。

综合这两种情况，很显然，A公司失去了这样的"赚钱机会"②。

经济学和金融学在这个问题的决策上的区别在于：

首先，经济学眼睛盯着的是这套设备的生产对象，即93号汽油，它始终把产品视为商品；而金融学则着眼于生产93号汽油的技术，并把技术视为一种资产。

其次，经济学在盯住商品后，考虑的是投入和产出的关系；而金融学既然明确了资产，便会立刻去与市场上"相同资产"③进行比较，判断相同资产的价格关系。

最后，经济学凭借着边际投入与边际产出的关系决策问题；而金融学则根据相同资产是否"一价原理"来确定投资机会：A资产的市场价格如果高于

---

① 这当然不符合实际情况，但为了后面说明方便，故作此假设。这种做法在财务管理中经常被采用。

② 读完后面的内容，读者会明白，这里所说的"赚钱的机会"，在不考虑投资成本和交易成本的条件下，就是所谓的套利！套利究竟有多"好"，第三章详解。

③ 金融学所说的"相同资产"是指同时满足以下三个条件的资产：（1）起初价值相同；（2）期间风险相同；（3）终期价值相同。

相同资产 B，则做多 B，同时做空 A①；反之亦反之。

由此可以得出这样的结论：金融学的思维方式是"**套利思维**"，它始终相信，在一个完美的市场②上，是不可能有套利机会的。因此，**理性**的行为就应该是努力消除套利机会的行为。

现在是时候总结一下金融学与经济学的学科关系了。当金融学既没有以经济学的某个具体特征或对象为自己的特征和对象，又没有继承和发展经济学的逻辑网络，同时还在理念与思维方式上与经济学大相径庭的时候，我们就必须接受这样一个事实：金融学是一个完全独立于经济学之外的学科，而非经济学的分支。

实际上，不要说非学术群体，就是学术界内部也很少有人愿意接受金融学的独立性，这里边有两个原因：一是绝大多数当今金融学教师都出自经济学专业，他们的学术不可避免地要植根于经济学，并把这种理念通过教学一代一代地传承了下来；二是某些学科设置也误导了学者的认识，最典型的要数"货币银行学"这门课程。从本质和特质上讲，**货币银行学是经济学的一个研究分支**，因为它研究的是纸币制度下货币的流通规律，通俗地讲就是研究通胀、通缩问题。而这恰恰是经济学体系中一个重要的研究环节，只不过，经济学对这个问题的论述并不系统，而货币银行学恰好弥补了这个"空缺"，相当于完善了经济学体系。

但货币银行学并不具有金融学的特质，这听起来非常令人不解，但事实却是毋庸置疑的。比如，货币银行学虽然也研究不确定性条件下的问题，但在解决问题时，它却首先假设一个确定的框架，然后在自己设定的这个框架中来设计问题的解决机制，例如，货币银行学关于三大货币政策通过对货币流量的控制来实现对通胀、通缩的调节的描述即属此类。然而，大量实证研究却证明：这套假设的机制几乎从未实现过。这是典型的"决定论"世界观，与经济学是一脉相承的，但与金融学却格格不入。

真正的金融学不是这样研究问题的，金融学首先接受不确定性的常态化和动态化，然后它研究在这种客观条件下资产的交易价格应该具备的规律，并以动态方式来认知这个规律，然后再依据这个动态的规律来制定各种对策。这很

---

① 不妨先给大家介绍一个金融学的定律：两个相同资产在同一时间、同一市场如果价格不一样，永远是做多价格低的，做空价格高的。其实这一点都不难理解，这就是"低买高卖"。

② 关于"完美市场"，也将在第三章中详解。

有点像中国太极拳中的"借力打力"，它不去甄别来力是对还是错，它只考虑我该如何处理这个来力，这样就客观得多，而非武断想象。

所以，**货币银行学并不是金融学的分支学科**！但正是由于其名字的特殊性，以及人们对金融学具有传统性的误解，尤其是近年来国内很多学者都将这门课程直接改称"金融学"，因而，长期以来它一直被错误地归到金融学体系中来，加之它与经济学的紧密关系，才造成了今天仍有多数学者把金融学视为经济学分支的错误理念。

只有明确了金融学的独立性，才能明白造就其独特的理念和分析问题、解决问题的思想体系与方法体系的原因，才能真正理解金融学。而能引领你走进金融学殿堂的捷径就是掌握金融学方法论。

附录：低碳经济与国际主导货币发行权[①]

一、什么是国际主导货币？

我们常说"国际货币"，或者"货币的国际化"，其实国际货币并不复杂，它只需要具备一个职能就可以了，就是可以被用来进行国际结算。比如欧洲国家（包括欧元区国家和非欧元区国家）普遍接受欧元作为国际结算货币，欧元就是国际货币；再比如，中国同东南亚国家进行国际贸易，大家协商认可人民币作为国际结算货币，人民币就是国际货币。

世界上像这样的国际货币还有很多，比如日元、英镑、美元、澳元等。但在众多国际货币中，只有一种处于主导地位，这种主导货币不但可用于国际结算，更重要的是它有其他货币不具有的另外两个职能：**风险对冲职能**和**财富表达职能**。

所谓风险对冲职能，是指这个货币的风险可以通过对冲手段来抵补。当今

---

① 2009 年 5 月，笔者在上海参加某论坛时就以这个主题展开发言的。但我的发言只进行到一半，就被某参会者极其粗暴、无礼地打断，理由是他不愿意接受我的观点。当时场面非常尴尬，幸好当场会议主持、曾任中华人民共和国驻法大使的吴建民先生冷静化解僵局，才使我能按计划完成了后半段的发言。茶间歇时，吴大使特意走到我身边，对我讲了两句话：（1）"把碳排放权与国际货币发行权联系在一起我在国外听说过，在国内还是第一次，"（2）"凭我多年国际经验，世界上的事情从来都是无风不起浪。希望你能把这个问题继续研究下去。"遗憾的是，这么多年过去了，我在这个领域的研究毫无进展，回想起来深感愧疚。但更遗憾的是，这样的观点不仅并不被主流学者所接受，甚至还被视为天方夜谭。我只想说：不要等到真理被实践检验了再回头总结，否则，我们将是历史的罪人！

世界的货币体系是纸币体系（信用货币），任何一种纸币都存在贬值风险，但不是所有的纸币都能找到对冲资产。金汇兑时代，纸币以黄金为本位制发行，人们可以用黄金来对冲纸币贬值风险。历史上离我们最近的、最大规模地区化的金汇兑制度是"布雷顿森林体系"①，自布雷顿森林体系瓦解后，世界货币体系便进入到纯纸币时代，纸币再无对冲资产，因而纸币的风险就没了对冲手段。但主导货币例外，由于种种原因，主导货币——虽然也是纸币——却有对冲资产，因而主导货币也就有了风险对冲职能。

当一种货币的风险可以对冲了，人们也就更愿意持有这种货币，并将其作为国际间广泛交流的货币。这种情况下，这种货币也就具有了财富的替代职能，是财富的一种特殊的表达方式。由于只有主导货币具有对冲职能，因此也只有主导货币才有财富表达职能。

当今世界哪种货币能同时具有**国际结算**、**风险对冲**和**财富表达**这三大职能呢？只有美元！由于特殊的历史原因，第二次世界大战之后，美元曾有过两种对冲资产：黄金和石油。随着布雷顿森林体系的瓦解，黄金与美元的"挂钩"关系被逐渐淡化，黄金也渐渐失去了美元对冲资产的地位。但石油很快补上了这个空缺，从 20 世纪 70 年代至今，美元与石油一直有着特殊关系，主要表现在两个方面：一是除了少数国家外，大多数石油国际贸易均以美元为结算货币；二是美元与石油保持着长期"负相关关系"，即美元升值，石油降价；美元贬值，石油涨价。正是美元与石油的这种特殊关系决定了石油作为美元对冲资产的地位；反过来，美元的国际主导货币地位也是建立在石油这块坚固的磐石之上的。

明白了这个道理，你就不难理解为什么 20 世纪 70 年代以后美国几乎所用的大规模军事行动都出现在中东、北非这两块世界上最大的产油地区。每次军事胜利都意味着美元地位的巩固，也都直接影响着国际原油的价格。那么美国人为什么这么拼命维护美元的主导地位？难道仅仅是为了控制国际原油交易吗？事情远没有这么简单。

由于美元的主导地位，因此世界各国都需要美元，获得美元的最重要途径

---

① 布雷顿森林体系（Bretton Woods system）是第二次世界大战后以美元为中心的国际货币体系，是布雷顿森林协定（Bretton Woods Agreements）对各国就货币的兑换、国际收支的调节、国际储备资产的构成等问题共同作出的安排所确定的规则、采取的措施及相应的组织机构形式的总和。这个国际货币体系的核心是"两个挂钩"，即世界各国货币与美元挂钩、美元与黄金挂钩，其实质是一种金汇兑本位制。

就是对美展开贸易，并保持对美贸易的顺差关系。表面上看，美国的政治家们对此十分不满，动用各种手段要求与其进行贸易的国家"保持克制"，并恢复对美贸易的平衡关系。但这只不过是政治家们为了平息国内民众抱怨而已，他们从骨子里倾向于这种贸易关系，并且与所有的美国人一道品尝着这种贸易关系带来的好处。正如诺贝尔经济学奖获得者默顿·米勒所说："每当我的日本朋友向我炫耀他们对美贸易盈余时，我就会取笑他们：我们指挥你们为我们送来你们千辛万苦生产出来的汽车、照相机、机床。而我们给你们的是什么呢？只不过是乔治·华盛顿的头像而已。"[①]

而拿了印有华盛顿头像的美元的国家又干什么呢？除了必要的国际结算之外，相当一部分转化为外汇储备。但美元储备自己是不会升值的，而且还要承担美元汇率波动的风险，如何管理好这部分来之不易的财富是各个对美贸易顺差国家或地区必须解决的问题。投资石油倒是个好办法，但面对动辄就是上万亿美元的储备，什么样的石油市场也不可能满足全部的对冲需求，更何况很多交易都设置主权交易者限制条款。于是就只剩下一种办法来对美元储备保值增值了，这就是购买美国国债。

而美国呢？印完了美元再印美债，一倒手，美元又回来了，来自世界各国的商品、服务、技术，一股脑儿照单全收。

所以，以后再看到我们国家大量购买美国国债，就不要喷了，这是美元主导的国际货币体系的一种自然现象，短期内无法解决。

美国不仅依靠美元的主导地位获取经济上的利益，它也善于运用美元在政治、外交上大赚好处。例如美国人经常运用所谓的量化宽松货币政策，直接干预美元的价值，从而影响国际原油价格，并最终传导至政治与外交目标上去。就在本书撰稿的时候，美国正在发动一场针对卢布的货币战争，起点依然是美元自身，传导机制依然是国际原油价格，而最终的目标是通过打击卢布来打击俄罗斯经济，并最终迫使俄罗斯在一些问题上作出让步。不管这个事件的结局如何，美国人利用美元的主导地位来实现其政治目的的过程就如教科书般标准化，从中也折射出国际主导货币的巨大价值。

二、低碳经济与未来国际货币体系

石油在美元主导的国际货币体系中扮演了重要角色，但石油终有一天是要

---

① 这段话引自米勒先生 1994 年 4 月 21 日在加利福尼亚大学的一次公开演讲。

用完的，而且，随着太阳能、生物能源等新型能源的研发、使用，石油的不可替代性正面临着挑战。

石油地位的危机就是美元地位的危机，因此，美国要想继续主导国际货币体系只有两条出路：一是巩固石油的地位，尤其是巩固美国在主要产油区的影响力，这一点已经通过它所实施的各种军事手段基本得以实现；二是通过某种手段，把美元与未来能够替代石油的稀缺资源"捆绑"在一起，就如同过去将美元与石油"捆绑"在一起一样。

对于第一条出路，美国已经做了，而且可预见的未来还会继续这么做。但是，这里有个前提，就是石油依然是不可替代的、最重要的工业资源。一旦石油的这种特殊地位消失，这条路就是死路。

而对于第二条出路，美国首先要做的事情是准确判断究竟是什么顶替了石油的特殊位置。这种新型资源必须像石油之于当代工业一样，具备两大特质：（1）它必须是生产、生活必不可缺的资源；（2）它必须是稀缺的且不可替代的。综合这两大因素，未来唯一可以具备这样特质的资源就是二氧化碳排放权。在某一特定国际公约的约束下，没有排放权就没有生产权（除非这种生产不排放二氧化碳）；要想获得生产权就必须获得排放权。而且，你还找不出可以替代这种排放权的其他东西来。

美国显然已经意识到这一点，并已经开始着手布局"后石油时代"的美元地位了。它先是拒绝了《京都议定书》，因为这个框架没有满足其继续"统治"国际货币体系的目的。接着，在《京都议定书》框架即将到期时，马上提出了新的国际排放权体系框架（因这个框架第一次首脑级讨论是在 2009 年12 月在哥本哈根进行，故称该框架为"哥本哈根框架"）。在这个由美国人精心策划的新框架下，美国再次将自己置于碳排放权分配及交易体系的主导者上，表面上是要支配国际碳排放权分配，但实质却是要牢牢控制未来碳排放权的交易，据此来实现美元与新兴统治性资源的绑定关系。而最终的目标，还是要主导未来国际货币新体系。

第二章　风险溢价

在第一章中我们说过，金融学是研究不确定性条件下资源的时间配置的科学。金融学认为，资源配置的关键在于资源（资产）的市场交易，而交易的关键则在于如何给这些资产以准确的定价。

对于如何对资产进行定价，几百年前人们就开始了这方面的研究，但直到马科维茨的"资产组合理论"出现之前，人们的研究始终没有触及决定资产价值的本质因素。正是马科维茨的创新性研究和划时代的成果，才使得后来的资产定价研究走上了科学的轨道。

本章就是要介绍以马科维茨为首的一批学者在这一领域的研究成果，以及这些成果中所蕴含的思想对后来金融学研究的深远影响。不过，我们在学习这些内容之前，有必要首先澄清一个金融学里面非常普通的概念：利率。

第一节　什么是利率？[①]

利率，在金融学中是一个相当普通的概念，就如同经济学中"价格"之于"商品"一样，利率似乎也是一个不需要解释、拿来即用、司空见惯的词汇而已。但正是由于它的普通和它的司空见惯，使很多人都忽视利率的内涵之博大、意义之深远。

什么是利率？有的书上说"利率是利息与本金之比"，这只能叫算法，不能叫定义，而且也没有说明任何关于利率的内涵。另外一些书说"利率是资

---

① 我的一位朋友曾跟我半开玩笑地说："就像武林高手必须打通任督二脉才能成为绝顶高手一样，学金融学的人也必须打通金融学的任督二脉才能成为一个真正的金融学人。金融学的任督二脉一个是利率，另外一个是波动率。"我对此深信不疑，当我问他哪一个是任脉，哪一个是督脉时，他说不知道。后来我认真学习了中医有关脉络的书籍，方知任督二脉是人体内最长的两根脉络，叫任脉的那个其实是阴脉，而督脉则是阳脉。我惊奇地发现，金融学中利率是一个显见的工具，而波动率却相当隐晦。按照易经"显见为阳，隐晦为阴"的说法，那利率就应该是督脉，而波动率为任脉。任督二脉交汇于人中穴位，按压人中可以使阴阳气和，这就是为什么当一个人晕厥时要掐他的人中。依据中医的这个理论，没有打通金融学的任督二脉的人，大概也处于学术的昏厥之中吧。

金的价格"，这样的定义显然比前一个要深刻许多，至少它试图去接近利率的本质了。但这个定义却是很有问题的，问题就出在它对利率本质的解释。

把利率视为资金的价格是典型的经济学思维，在传统经典经济学的理论认为，利率是货币供求均衡的结果，这实际上是借鉴了"商品价格是供求均衡的结果"的经济学原理。借鉴本身并不是错误，但把商品价格均衡借鉴到货币资金问题里来就错了，因为它完全忽视了商品与资产的本质区别。而这种错误的危害不仅体现在学术研究中，也体现在金融实践中。

══ **例 2 – 1** ══

经典经济学思想与中国温州金融改革

经典经济学的利率理论认为，利率是资金供求均衡的结果。按照这个理论，造成高利贷的最根本原因在于资金"供不应求"。事实果真如此吗？

从 2010 年下半年开始，中国沿海经济发展最好的地区之一的温州却开始出现民营企业家陆续"跑路"事件。所谓跑路，就是企业家们无力偿还债务而选择逃遁。至于为什么这些企业家们还不起债，一个简单的说法是民营企业融资难（主要是中小企业融资难），不得已，这些企业家们只好转向求助民间借贷途径，说白了，就是借高利贷。由于高利贷融资成本太高，结果造成企业偿债压力巨大，并最终导致企业家"跑路"。

针对这一情况，一些主流学者认为是我国现行的民间金融非法地位造成了高利贷现象，理由很简单，由于民间金融不具有合法地位，因此只能运作于"地下"，不敢公开，所以资金供给很少，在资金需求日增的经济发达地区，这种供给水平无法满足资金的需求，所以才造成资金价格（也就是利率）猛涨。因此，这些主流学者主张搞民间金融改革，逐步实现民间金融合法化。以民间金融的合法地位引导更多的资金进入借贷市场，不仅可以缓解资金需求，更重要的是能压低民间借贷利率，缓解企业偿债压力。这是典型的凯恩斯主义思想在中国的具体应用。于是，2012年 3 月 28 日，国务院通过决议，决定设立温州市金融综合改革试验区，一场轰轰烈烈的民间金融改革就此拉开帷幕。

截至 2014 年年底，这轮改革试点工作已经进行了近 3 年了，结果如何呢？根据《中国经济周刊》2014 年 12 月 14 日的报道，温州金融办公布的监测数据显示，2014 年 11 月 24—28 日当周，温州地区民间借贷综合利率指数为年化利率 20.2%，仍然高于全国民间借贷综合利率指数 19.53% 的数值。2014 年上半年温州全市银行新增贷款只有 64.24 亿元。而 2012 年单月最高新增贷款高达 114.45 亿元，是 2014 年半年新增数量的近 2 倍！上述数据并非个别时段数据，而是 3 年来整个试点工作的真实反映。时任温州惠信资产管理有限公司风控总监王鹏对《中国经济周刊》直言："原先出台的一些政策的执行情况和落地情况确实没有达到一个理想的状况，金融改革提出来的目标设想与实际达成还是有一定差距的。"

实际上，温州金融改革的实际与目标的差距并非国务院决议落实出了问题，而是这场改革的设计出了问题，即改革方案的理论基础——凯恩斯主义的利率理论有问题。

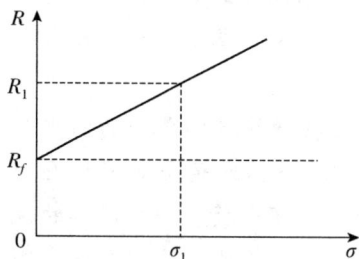

图 2-1 风险溢价

现代金融学的利率理论认为：**利率是一种风险溢价，也就是对资金所有者为贷出资金所承担的风险的补偿**。这种补偿以无风险利率[①]为基准，是对超出无风险利率的部分进行的补偿，如图 2-1 所示。

图 2-1 中，横轴表示风险，纵轴表示利率，其中，R_f 为无风险利率。当一项资产的风险为 $\sigma_1 > 0$ 时，其对应的利率 R_1 必须大于无风险利率 R_f，其中的差值 $R_1 - R_f$ 就是该项资产的风险溢价。从这个风险溢价示意图中不难看出，一项资产的利率水平是由其风险决定的，风险越大，利率水平就越高。

依据金融学的这个观点，要判断高利贷的产生原因，必须从高利贷资产的风险着手。我们都知道，很多高利贷者并非专业机构，往往是缺乏专业知识的民间资本家，因此，当一个人向他提出借贷要求时，高利贷者往往无法判断借款人的风险水平；与此同时，很多借款人也不愿意透露更多借款用途和偿债能力的真实信息。于是，便出现了一个信息不对称的借贷关系。

在信息不对称的情况下，一个特殊的经济现象就必然出现，这就是"逆

---

① 所谓无风险利率就是指一国中央政府财政部发行的国债的利率，某些教科书认为仅限于短期国债，但本书所说无风险利率不限期限。所谓无风险，指的是一般情况下无违约风险，但这不确定，世界上确实存在国债违约现象。此外，国债还会有其他风险。后面我们将会说明，世界上根本就没有无风险的资产，哪来的无风险利率。因此，所谓无风险利率只是一种叫法而已。

向选择"①，即贷款人在不能充分掌握借款人信息的条件下，宁可相信借款人的信用水平是较低的，也就是风险较大的，并据此提高贷款利率。高利贷的真实情况往往就是如此。

因此，要想消除高利贷现象，必须首先消除信息不对称现象，让借贷双方充分了解对方，然后根据借款人的实际风险水平确定一个合理的价格。近年来，在我国多地出现的民间借贷交易中心就是要解决借贷信息不对称问题的。

但我们也必须澄清一点，不是说信息完全对称了，高利贷就不存在了。因为，决定利率水平的最根本因素还是风险本身，信息对称只是为贷款人准确判断借款人风险提供了依据，并不改变风险水平。实际上，很多高利贷借款人都资质不高，或者至少达不到正规金融机构关于风险水平的要求，否则，他们不会求助于高利贷者，而会转投正规金融机构了。因此，这里不得不诚实地告诉读者一个事实：民间高利贷——无论合法与否——都不可能消失，我们所能做的就是让风险得到更准确的判断，并以此构建更多层次的资本市场。

现在，我们再回过头去看看这次温州金融改革，其目的是要解决中小企业融资难问题，并认为民间高利贷造成了中小企业的生存困难，于是把着眼点放在消除高利贷现象上。在制定具体政策时，决策者以"利率是资金供求均衡的结果"为理论基础，设计了一套"以民间金融合法化为操作工具，以民间金融资金供给增加为传导机制，以新均衡限制利率水平为目标"的实施方案。但是，由于利率水平不是资金供求的函数，而是风险补偿的函数，因此这套以改变资金供求均衡为杠杆的改革政策从根本上是行不通的。

这里边还有一段小插曲，2012 年初，就在国务院出台温州金融改革方案之前，由中国人民银行和中央电视台财经频道共同组成了一个调查小组，对温州的实际金融情况进行调查。调查中央视记者采访了几位民间资本家，当被问到国务院金融改革方案出台后（实际上就是给予民间金融合法地位），是否会

---

① 逆向选择，指的是这样一种情况，市场交易的一方如果能够利用多于另一方的信息使自己受益而对方受损时，信息劣势的一方便难以顺利地作出买卖决策，于是价格便随之扭曲，并失去了促成交易的作用，进而导致市场效率的降低。这种现象在早期二手汽车交易市场表现得十分典型，当买车人不知道汽车的实际情况时，他很担心他所要买的二手车是否存在问题，当卖车人不能证明车是没问题的时候，买车人宁可相信车有问题，于是给出一个很低的价格。如果这二手车的确存在问题，卖车人就会愿意接受这个价格；但如果人家的车真没问题，那卖车人就不会接受低价格，并可能因为遇不到合适的价格而退出二手车市场。所谓"逆向"，是说市场本来应该把好的产品留下，而将劣质产品驱逐出去。但在信息不对称情况下，事情恰好相反，是劣质品驱逐优质品，进而出现市场交易产品平均质量下降的现象。

增加对民营中小企业贷款力度时，大多数民间资本家表示不会；当被问到对即将出台的金融改革方案有什么期待的时候，很多人答道：希望国家放宽政策，允许民间资本进行海外投资。

采访者一脸困惑，完全不知其中的道理。实际上，当初的民间资本家们非常清楚，一旦民间金融走上正轨，在当时国内借贷利率非市场化的情况下，就必然受到中央银行关于借贷利率的限制，也就意味着他们所承担的贷款风险得不到足够的补偿，所以他们才会转而对海外投资发生兴趣。

现在可以总结一下本节的基本结论了：利率与资金的供求无关而与出借人所承担的风险严格正相关，也就是说，利率与风险是一对孪生兄妹。

但无论是利率还是风险都不能单独决定一项资产的价值，资产的价值与利率到底是什么关系？与风险又是怎样的关系？资产价值的根本决定力量是什么？直到 20 世纪 50 年代，美国学者马科维茨才为我们揭开了其中的谜团。

第二节　马科维茨的资产组合理论

早期关于资产定价的研究绝大多数都以股票为基本研究对象，而且也不强调资产的特殊性。即便只研究股票，人们也很少讨论其价格的决定因素，更多的是关心其价格的走势。

19 世纪初诞生的"道氏理论"① 首先提出以观察市场为基础，从股票价格的趋势中判断价格，用这个理论的创始人查尔斯·道自己的话说，就是"如果你想知道一轮潮汐最高会涨到哪里，就在沙滩上竖一根长杆，记录每一波海浪打来的最高点在哪里……直到某一点再也无法被后面的海浪超越……说明潮汐已经开始转向。"

但从我们今天的认知来看，这个观点是错误的，因为它等于首先假设股票价格是有规律的。其实，早在道氏理论出现之前，法国数学家路易·巴切利耶（Louis Bachelier）就已经证明股票价格"在任何时刻上涨和下跌的概率都是相等的"，之所以能形成成交价格，只是因为"买方都相信股价会上涨，而卖方则相信股价会下跌。"同时他还发现，股价的变动与时间的平方根呈现比例关系，这就与英国物理学家罗伯特·布朗（Robert Brown）发现的"布朗运动"

---

① 这个理论是道琼斯工业指数的创始人之一查尔斯·道最早提出的，但并未自称道氏理论，这个称谓是在道先生去世后由出版商内尔森首先使用，后一直沿用至今。

高度一致，而布朗运动是一个典型的"随机漫步"（random walk）过程。也就是说，股价是没有规律的。但巴切利耶的成果仅限对股价的变化过程的数学描述，并未触及股价的决定因素。

马科维茨与其前辈研究的最大差别在于，他不再关注股价变化过程，而是把目光聚焦在股票的内在价值到底是如何形成的。同时，他虽然以股票为研究对象，但并不局限于股票，而是把结论引申到所有风险资产之上。

一、预期收益、风险及相关系数

马科维茨认为，人们之所以接受股票的市场交易价格——无论是买还是卖——都要考虑两方面因素：预期收益水平及相应的风险水平。股票的价值与前者正相关，而与后者负相关。

马科维茨用预期收益率来表达预期收益水平，所谓**预期收益率**，就是各种预期收益水平的加权平均值。例如，某股票 A，未来存在三种预期收益水平，见表 2–1：

表 2–1　　　　　　　　　　　　**A 股票预期收益**

预期收益	25%	10%	−25%
概率	0.5	0.3	0.2

则，A 股票的预期收益率为

$$E(R_A) = 25\% \times 0.5 + 10\% \times 0.3 + (-25\%) \times 0.2 = 10.5\%$$

至于相应的**风险水平**，马科维茨认为，应该是各种预期收益水平相对于加权平均预期收益率的离散程度，他用了数学的**方差**这个概念来表达。仍以 A 股票为例，其方差为

$$\delta_A^2 = 0.5\,(25\% - 10.5\%)^2 + 0.3\,(10\% - 10.5\%)^2 +$$
$$0.2\,(-25\% - 10.5\%)^2 = 3.6\%$$

将方差简化为**标准差**，即

$\delta_A = \sqrt{\delta_A^2} = 18.9\%$，这个 18.9% 就是对 A 股票的风险测度[①]。

———————————

①　如果读者是第一次接触这个理论的话，或许在此会产生这样一个疑问：用一个百分数来表达预期收益水平还好理解（你可以简单地理解为将来的收益与你的投资额的比值），怎么风险也用百分数表达呢？其实，读者不必纠结于此，表达风险的这个百分数仅是一个数而已，它所表达的是一组数（三种可能的预期收益）的离散程度，这个数越大说明风险越大，反之则反之。

但仅有这两个数字并不能说明 A 股票的价值，股票的价值高低该如何比较呢？我们不妨再引入另一只股票 B，看看 A 股票与 B 股票究竟哪一个价值高。假设 B 股票的情况为：

表 2 - 2　　　　　　　　　　　　　　**B 股票预期收益**

预期收益	1%	- 5%	35%
概率	0. 5	0. 3	0. 2

则，$E(R_B) = 6\%$;$\delta_B = 14.73\%$ 。

如果仅这样比较的话，恐怕没什么科学价值，因为比较的结果只说明预期收益越高相应的风险就越大，仅此而已。那我们又如何理解股票的价值呢？

现在，我们假设有这样一种投资策略：我们可以把全部资金分别投资于 A 股票和 B 股票，且投资额相等。经测算，这个新的投资组合的预期收益与相应风险分别为：$E(R_{A\&B}) = 8.25\%$ ；$\delta_{A\&B} = 4.83\%$ 。

当我们把上述三组数据放在一起比较一下就会发现，组合投资的预期收益水平虽然只居 A、B 两只股票的平均水平，但风险水平却低于 A、B 任何一只股票的风险。因此，尽管到目前为止我们还不知道资产价值规律，但可以"粗略地"得出一个结论：组合投资的价值要高于单一证券的投资①。

这是一个足以令人兴奋的结论，因为整个过程我们并没做什么复杂的事情，只是把原来投资于单一证券的资金平均分散投资到两只证券上，结果却要优于原来的单一投资，这就不能不让我们联想到两个问题：（1）是什么原因造成这种现象的？（2）是不是分散投资到什么样的证券组合中总会收到这样的效果呢？

第一个问题似乎比较好回答，根据上面的数据我们会发现：证券的收益之间是满足线性关系②的（$E(R_{A\&B}) = \dfrac{E(R_A) + E(R_B)}{2}$）；但证券之间的风险关系却不满足线性关系，即非线性关系，因此就有可能使得组合的风险比构成组合的单一证券的风险都小。

---

①　这个结论很快就会在后面的介绍中得到证实。

②　对于一些数学基础稍差的读者，不必为这个专业词汇感到沮丧，一种简单的理解：所谓变量之间的线性关系就是说这些变量如果画在同一个坐标系中，这些变量所表达的"点"恰好在同一条直线上；而非线性关系就是说这些点不在一条直线上，而是在一条曲线上。至于这条曲线什么样，就要视具体情况而定了，因此，非线性关系比线性关系要复杂得多。

图 2 - 2 中，AB 线段表示组合收益与单一证券收益之间的关系，而曲线则表示组合风险与单一证券风险之间的关系。

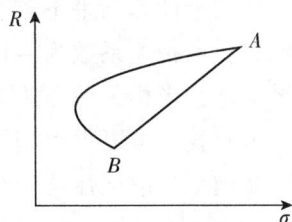

组合风险与单一证券风险之间的关系可以用下面这个数学表达式表达：

$$\delta_{A\&B}^2 = (x_a\delta_A)^2 + (x_b\delta_B)^2 + 2\rho x_a x_b \delta_A \delta_B \text{ 或者}$$

$$\delta_{A\&B} = \sqrt{(x_a\delta_A)^2 + (x_b\delta_B)^2 + 2\rho x_a x_b \delta_A \delta_B}$$

其中，x_a 为 A 证券的权重，x_b 为 B 证券的权重，ρ 是 A 证券与 B 证券之间的相关系数，这个相关系数就是破解上边第二个问题的关键。

图 2 - 2 证券及组合的收益及风险关系

先来简单说明一下相关系数的数学含义：$\rho = \dfrac{R_{AB}}{R_A R_B}$。其中，$R_{AB}$ 叫 A 证券与 B 证券的协方差。根据协方差的计算公式可知：$-1 \leq \rho \leq 1$[①]，比如，刚才所举例子中 A、B 股票的相关系数即为 -0.86。

"造成"两只证券风险非线性关系的关键因素就是这个相关系数，因此要想知道"是不是什么样的证券组合在一起都会比原来单一证券价值更高"，就必须从"相关系数"考察起。

为了说明相关系数在证券风险非线性关系中发挥的作用，我们依然以上面提到的 A、B 两只股票为例，现在，我们假设这两只股票的相关系数有五种情况，来看一看在五种不同的相关系数下，组合投资的风险发生了什么变化（依然假设 A、B 股票各占一半）。结果如表 2 - 3：

表 2 - 3   相关系数与组合风险

相关系数 ρ	组合风险 $\delta_{A\&B} = \sqrt{(x_a\delta_A)^2 + (x_b\delta_B)^2 + 2\rho x_a x_b \delta_A \delta_B}$
1	16.79%
0.5	14.58%
0	11.96%
-0.5	8.54%
-1	2%

---

① 如果读者对这部分数学内容也很陌生的话，没关系，你只需记住相关系数的取值范围就能看懂下面的内容。

从这个计算结果不难看出：（1）随着相关系数的减小，组合风险也在不断减小，当相关系数为 -1 时，组合风险最小①；（2）并不是所有的组合风险效果都好，当相关系数为 1 时，组合风险就比 B 股票大②。

由此我们可以得出这样的结论：当两项资产的相关系数越小，它们的组合风险就越小。请记住这个结论，对于你今后设计投资组合非常有用③。

二、有效集和有效边界

上面，我们用相对抽象和枯燥的数学手段研究了单一资产以及组合资产的风险变化规律，或许读者现在正对刚才的"成就"暗暗高兴。但稍微冷静一下我们就会发现，刚刚取得的阶段性成果与我们所要追求的目标仍有差距。我们只是发现，风险资产的组合投资效果可能"好于"单一证券投资，而且这种"好"的程度与组合资产的相关系数有关。但是这种"好"或相对"不好"的基准是什么？好到什么程度？尤其是具体的量化对比，我们尚不知道，因为我们还没有搞明白资产的价值到底是怎么决定的，这才是问题的最关键。

我们不难想象，这个关键问题当初也一定困扰着马科维茨，因为他前面的研究并没有"暗示"可能的解决思路或者逻辑，但是他一定坚信一点：如果前面关于组合投资的分析是正确的，至少我们已经知道了通过这种有目的的组合一定可以使投资的价值不断的升高，以及这个过程中的价值规律。于是，马科维茨不再拘泥于两个资产的组合，而是把目光放到了更多的风险资产上。

由于资产风险之间的非线性关系，使得资产组合后的预期收益与风险之间的函数关系也不再是线性关系，形状如图 2 - 2 所示。由此可以推断，所有的风险资产组合之后，一定都落到图 2 - 3 （a）那个形状如雨伞般的封闭图形以内。

马科维茨认为，风险资产投资只有落到这个伞状图形内才算是有效的④，因此他把这个伞状图形所代表的集合称作"有效集"（efficient portfolio set）。他还发现，在整个有效集中，位于最上方的曲线（图 2 - 3 （a）中 A 、B 两点

---

① 实际上，当相关系数为 -1 时，则说明两只股票完全负相关，也就是说两只股票的风险完全对冲掉了，此时的组合实际上就是一个无风险资产，因此，这个 2% 一定是当时的无风险利率。

② 但不能因此就说组合的投资价值低于 B 股票的投资价值，因为到目前为止我们还不知道价值到底该如何确定。

③ 这里有一个关于高相关系数的笑话，当一个人头顶冰块脚踩火炉的时候，统计学家会告诉你："平均而言，这个人过得还不错。"但金融学家坚决不接受这样的结论，因为此人的处境是典型的高相关系数，风险水平最高。

④ 但这个"有效"与我们第三章将要讲到的"有效市场"中的"有效"不完全是一回事。

间向上凸的那部分曲线）上的点所代表的投资组合效果最佳，因为，同样风险水平下，这条曲线上的组合的预期收益水平最高；同等预期收益水平下，这条曲线上的组合的风险最小。马科维茨把这条代表投资效果最佳的投资组合的曲线称作"有效边界"（efficient frontier），见图 2 – 3 （b）。

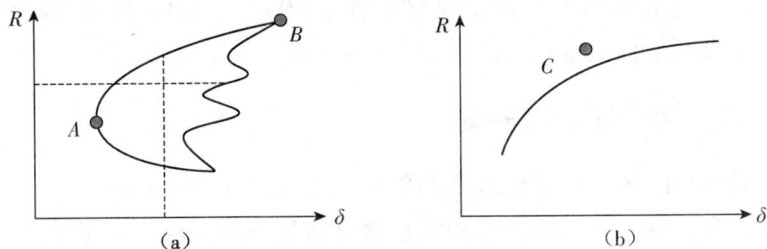

图 2 – 3   有效集和有效边界

马科维茨认为，有效边界上的点所代表的投资组合的效果是最好的，不会有更好的了，如果有（图 2 – 3 （b）中的 C 点），那就是套利机会①，这个套利机会会随着投资者的套利活动而消失，C 点还会回到有效边界上，或者之下，才能达到均衡状态。

问题进行到这里依然没有回答到底如何确定一项资产的价值，甚至都没有触及到一个证券的问题，一直在说组合。但是，马科维茨的结论却是非常重要的，甚至可以说是划时代的，他至少向我们展示了以下重大发现：

首先，风险资产的组合——只要不是相关系数为 1 的——投资效果一定"好于"单一证券投资，即与单一证券投资相比，同样风险水平下，组合的预期收益水平最高；同等预期收益水平下，组合的风险最小。而且，随着组合资产的相关系数越小，这种效果就越好。

其次，风险资产的组合效果不可能无限的好，其中，落在有效边界上的组合的效果最佳，于是，有效边界就成为风险资产组合投资效果的上限。

最后，组合资产的个数越多，组合越充分，组合的效果越接近并最终达到有效边界。

这些结论在今天看来，也许过于普通了，但在当时却是意义重大的，甚至是惊人的，因为在此之前，几乎所有市场参与者都坚信，人们是可以通过选择几只"优秀的"股票来实现更高的投资绩效。然而，马科维茨的资产组合理

---

① 关于"套利"和"套利机会的消失"，将在第三章详细介绍。

论却证明，这样做无益，你可以通过更多的风险资产的组合来实现最高水平的投资绩效。这为后来的"消极投资策略"以及"市场定价"的研究奠定了重要而坚实的理论基础。

但由于那个时代的"大环境"，马科维茨的成果并未获得理论界的重视[1]，反倒在平时不太关心学术（甚至还有点看不起学术）的证券分析师中激起波澜，因为这事关他们的饭碗。

三、资产组合理论的争议

早期对马科维茨资产组合理论的争议主要集中在两个方面：一是市场上风险资产那么多，究竟该如何选择相关系数合适的资产组合在一起并保证落在有效边界上；二是即使我们能够做到第一点，有效边界上的资产组合有无数多个，对于具体投资者而言，应该选择哪一个（或者几个）呢？

第一个问题还"勉强"，虽然那个时代计算机的运算速度与今天无法类比，但毕竟有其辅助还是可以完成较大量的运算的。关键是，熟练的证券分析师可以凭借多年积累的经验，有针对性地选择相关股票，比如新成立的公司与通用汽车的相关系数较高，而公用事业与生产消费品的公司的相关系数较低等。因此，这个问题算是可以勉强解决的。

然而，第二个问题就棘手多了，甚至连马科维茨本人也不能从即使是理论层面加以解释。当时，很多证券分析师也恰恰抓住这个"弱点"，否定了马科维茨那种"只要充分选取风险资产进行组合，便有可能'自动'实现最高绩效"的主体逻辑。证券分析师们认为，由于每个投资个体的风险偏好不同（即效用曲线不同），因而相对于其个人的最优风险资产组合也不同，如图2-4所示。

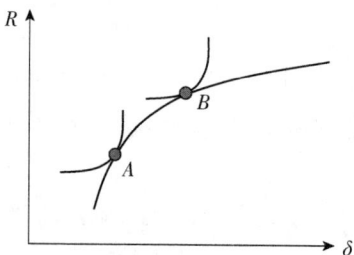

图2-4 个体风险偏好与投资组合选择

图2-4中，向下凸的两条曲线代表两个风险偏好水平不同的投资者的效用曲线，当它们与有效边界相切时，切点就是两个投资者应该选择的资产组合：A点代表风险厌恶者的选择，而B点代表的是风险偏好者的选择。至于这

———————————

[1] 马科维茨的观点发表于1952年的《金融学杂志》（*Journal of Finance*），到1960年的时候这篇文章被引用不到20次！

两个选择的具体内容，那就得依靠有经验的证券分析师来完成了。证券分析师终于可以放心了，因为他们保住了饭碗。然而，他们高兴得太早了，仅仅 6 年之后，另一个投资领域的新理论就否定了证券分析师们的说法；又过了 6 年，另一个全新理论的问世至少在理论上彻底粉碎了分析师的借口。这两个重要的理论就是：詹姆斯·托宾（James Tobin）的"分离定理"与夏普（Sharpe）、林特纳（Lintner）和莫辛（Mossin）的"资本资产定价模型"。

第三节　分离定理和资本资产定价模型

当风险资产的价值规律问题还没有解决的时候，我们的研究又陷入资产的组合选择问题中。理论上讲，马科维茨提出的有效边界上有无数多个风险资产组合，究竟该如何从这无数多个组合中选择一个适合某个投资者的组合，前面的研究甚至连一个基本规律都没有给出，只是从逻辑上讲应该依据每个投资者不同的效用无差异曲线与有效边界的切点，这只会使问题更复杂，因为我们也不知道究竟该如何确定投资者效用曲线。

詹姆斯·托宾的分离定理使这一困局峰回路转，而其后的资本资产定价模型更是使整个研究柳暗花明。本节就是要介绍这两个重要理论的内容及思想，以及对后来此领域研究的深刻影响。

一、分离定理

1958 年 2 月，托宾在《经济研究评论》（*Review of Economic Studies*）上发表了一篇题为《流动性偏好的风险行为》（*Liquidity Preference as Behavior Towards Risks*）的论文[①]，提出了他对于资产组合选择的全新见解。

托宾认为马科维茨关于资产组合的选择的研究还是受了凯恩斯思想的影响，凯恩斯在分析利率与个体行为时，采取了一种"非此即彼"的思维模式，即投资者"要么持有现金资产，要么转投风险资产"，而实际情况并非如此，人们更多的时候是将全部财富"一部分以现金方式持有，另一部分投资到风险资产中[②]"。因此，托宾认为，在考虑个体资产组合的选择时，必须把无风险资产纳入其中，如此才会构造出对于个体投资者来说最优的资产组合选择。

---

① 为了使读者能够顺畅地理解托宾分离定理的主要思想，本书省略了该文中的数学推证。
② 实际情况要比这个还复杂。

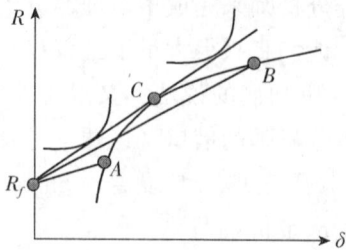

图2-5 无风险资产与风险资产
组合的组合

由于无风险资产的风险永远是0，因此无风险资产与风险资产（或者风险资产的组合）进行组合时，两种资产的风险之间不再是非线性关系，而是线性关系。由于资产收益之间永远是线性关系，所以，无风险资产与风险资产的组合就是恒定的线性关系，如图2-5所示。

图2-5中，R_f为无风险资产，它与有效边界上的任何一个风险资产组合（A、B和C）的组合都是线性关系，都用直线来表达各种可能的组合比例。而且很容易发现，在无风险资产与有效边界的组合中，与有效边界相切的那条直线的位置最高，也就意味着这条直线上的点所代表的组合在同等风险水平下预期收益最高，或者同等预期收益水平下风险最小。这就给托宾得出下面这个结论奠定了基础。

托宾认为，由于将无风险资产纳入资产组合后风险资产组合只有一个（图2-5中的C）在这条"最优组合"线上，因此，对于任何一个个体投资者来说，都没有必要去研究究竟应该选择有效边界上哪一个组合更适合自己了，所有投资者都拥有唯一一个有效边界组合，就是C。遗憾的是，当时托宾并没有推导出这个C到底是一个怎样的组合，不得已，只好起了个"超级有效投资组合"（super-efficient portfolio）的名字。

但有了超级投资组合并不意味着所有的投资者的选择都是一样的，他（她）依然可以根据自己的实际偏好和需求选择不同的组合，只不过，不再考虑风险资产该怎么组合了，而是考虑要用多大比例的无风险资产与多大比例的超级有效投资组合进行组合。正常情况下，这个组合点应该在图2-5中R_f与C之间的线段上：靠近C点意味着风险资产组合比例稍大些；靠近R_f点意味着无风险资产比例大一些。

还有另外一种情况，就是投资者喜欢多一些风险，以至于无风险资产与超级有效组合点之间的组合选择已经不能满足其偏好和需求，这时就需要新的组合来满足这种需求。新的组合过程是：以无风险利率借入一定数量的资金①，

---

① 这里我们假设投资者能够以无风险利率为借贷利率借入资金，这个假设看似不很合理，因为只有无风险资产的发行人（国家财政部）才有资格以无风险利率获得资金，但假设你有可能用无风险资产作质押发行信托，以无风险利率借入资金对机构投资者来说并非难以想象。

并将这笔资金投入超级有效组合中。这种新的组合的点就在图 2 – 5 中 R_fC 射线 C 以上的部分上。

把上面这些内容作一个小结，我们可以得出两个结论：一是投资者在选择风险投资组合时只需找到超级有效组合点，这个组合对于任意偏好和需求的投资者都是一样的，这是风险资产投资决策；二是投资者可以根据自己的偏好和需求来选择无风险资产与超级有效组合之间的组合比例，这个过程中投资者或者需要（以无风险利率）贷出资金，即投资于无风险资产，或者需要（以无风险利率）借入资金投资到超级有效组合中。不管哪一种，都相当于融资决策①。

托宾的最后结论是：上述投资决策与融资决策是两个完全分离的决策过程。这就是著名的**分离定理**。

分离定理的一个重要含义是：投资者——无论有多大差异——在选择风险资产组合时都有一个共同的②"最优"，就是所谓的超级有效组合。因而在理论上驳斥了证券分析师所说的"不同的投资者有不同的最优风险资产组合"的说法。同时，它也给后来的资本资产定价模型奠定了重要的理论基础。

二、资本资产定价模型

当托宾证明市场确实存在一个最优的风险资产组合，并且这个最优组合与投资个体风险偏好无关的时候，人们非常好奇，想知道这个被托宾称为"超级有效组合"的葫芦里到底装的什么药。但遗憾的是，托宾并没有给出答案。不仅如此，托宾甚至没有揭示他已经描绘出那条代表着市场所有投资者最优组合的直线的规律③。

其实，托宾的遗憾不仅于此，从马科维茨试图解释资产价值规律开始，一直到托宾，他们的研究虽然硕果累累，但却给人以"与初衷渐行渐远"的印象。在我们得出了这么多关于资产组合的结论后，单一资产的价值规律到底是

---

① 贷出资金相当于负融资。

② 投资者拥有一个共同的最优是一回事，共同持有这样的组合是另一回事，这需要全体投资者拥有相同的信息、相同的处理信息的方法、相同的投资期限、相同的税收环境等。但这些都是具体操作的事，有兴趣的读者可以参阅投资学的相关书籍。本书只分析理论逻辑，故对于复杂的实际情况不作考虑。

③ 如果说发现一条陌生的曲线的规律是件困难的事情的话，发现直线的规律应该并不难，通俗地讲就是建立直线方程。

怎样的呢？

接下来出场的夏普没有让上述遗憾延续，他一举回答了刚刚提到的三个问题，并将这些结论整合为资产定价史上里程碑式的结论：资本资产定价模型（Capital Assets Pricing Model，CAPM）。

（一） 市场组合点

夏普用数学方法推导出托宾所说的"超级有效组合"实际上就是风险资产的市场组合①。这个组合的构成成分是所有风险资产，而成分所占比例就是每一项风险资产的总价值占市场总值的比例。例如，某风险资产市场上有且仅有三种资产：A、B 和 C，且每种资产的市场价值占市场总值的比例为：A 资产：60%；B 资产：30% 和 C 资产：10%。于是，对于这个市场所有投资者的那个"超级有效组合"就应该是：全部资金的 60% 投资于 A 资产，30% 投资于 B 资产，10% 投资于 C 资产②。

这个逻辑其实不难理解：

首先，超级有效组合的构成必须是所有风险资产。如果有一项风险资产不在这个人人都需要的投资组合中，那么它将是人人都不需要的，因此就会没有价值。这显然与实际相悖。

其次，这个组合中每一项资产的比例一定得是资产自身市值与市场总值之比。因为投资者在构成投资组合时，市场必须是均衡的③，如果某一项资产在组合中的比例高于其与市场总值之比，这就意味着投资者愿意持有更多该项资产，也愿意为此付出更多的代价，直至该资产价格稳定，也就是投资者不再愿意付出更高代价④，此时市场将达到新的均衡。这时，该资产在投资组合中的占比仍是其与整个市场总值之比。

正因为托宾所说的超级有效组合点就是风险市场本身，所以，在夏普的表述中，这个点被正式命名为"市场组合"点。

---

① 本书将这些抽象的数学推导过程省略，只从一般逻辑上加以分析和介绍。

② 这里隐含一个假设前提：任何风险资产均无限可分。也就是说，不管资产单价有多高，比如一万元，不管你拥有的资金有多少，比如只有一毛钱，你依然可以购买十万分之一该资产，而不受到任何购买数量的限制。

③ 这一瞬间你可以理解市场是静态的。

④ 请读者要特别留意这段表述，我没有说"因为投资者需求某资产而使其价格升高"。实际上，对于任何一项资产而言，永远都不是对它的需求增加才推升了它的价值，而是因为人们预期它的价值升高才会需求它，当投资者预期它升值时，才会愿意付出更高的代价。这个道理，本书第三章还会进一步说明。

如果读者觉得风险资产市场不好想象的话，我们不妨换一种说法：假如我们只考虑股票这一种风险资产的话，那么，这个**市场组合点**所表达的就是**股市**本身。于是，当我们沿着这个逻辑去思考一个股票投资的最优组合的时候，结论就是：投资于股市组合。

所谓股市组合，就是说组合是由所有当前股市交易的股票构成，而且，每一只股票的占比就是该股票市值与股市总值之比。但是，在现实股票市场上，由于受到购买数量的限制，因此个体投资者投资股市组合几乎是一件不可能的事。于是，一种全新的金融工具出现了，这就是**指数基金**。

所谓指数基金，就是以基金的形式将投资者手中分散的资金集中起来，形成相当数量的资金池[1]；然后根据市场组合原理，将全部资金分散投资于所有成分股；最后将投资所得再以分红的方式分配给基金投资者。

当然，市场组合点的发现，价值可不仅仅体现在指数基金上，它对于揭示投资组合的本质规律发挥了不可替代的作用。

(二) 资本市场线 (CML)

由于夏普发现了市场组合点，这就等于在托宾发现的那条代表着最优投资组合选择的直线上找到了两个要素，第一个是无风险资产 R_f。如图 2-6 所示。

图 2-6 中，M 即为市场组合点。由于 M 代表的是风险资产市场组合，因此，其预期收益和相应风险均可测算[2]。假设测算的结果分别

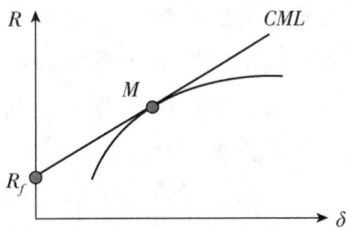

图 2-6　资本市场线

是 R_M 和 δ_M，于是 M 的坐标即为 (R_M, δ_M)。由于此前已知无风险资产点的坐标为 $(0, R_f)$，于是可以轻易推导出这条代表最优资产组合选择的直线的方程为

$$R = R_f + \frac{R_M - R_f}{\delta_M^2}\delta \tag{2-1}$$

由于市场组合点 M 表示所有风险资产构成的市场，因此，这条贯穿无风险资产与风险资产市场的直线即被称为**资本市场线** (Capital Market Line)，简称 CML。

---

① 这个数量至少得保证投资于全部指数成分股而不受到购买数量的限制。

② 本书省略具体测算方法，感兴趣的读者可以参阅相关学术论文或金融数学方面的书籍。

资本市场线包含了以下**重要含义**：

1. **市场上的投资者无论风险偏好差异有多大**，只要他选择市场组合与无风险资产作为自己实现最优投资组合的支点，所有投资者的最优组合之间都是线性关系。也就是说，投资者的最优组合之间不存在价值差异，只存在风险承担的差异：你如果想获得更高的预期收益，就必须在这个线性关系下承担更多的风险；你如果不想承担更多的风险，就必须在这个线性关系下减少预期收益。

2. 资本市场线是一个检验的基准，当你的投资组合的预期收益与风险不能满足资本市场线的线性关系，就说明你的组合没有达到最优（套利机会除外）。

3. 任何投资组合的预期收益都等于无风险利率 R_f 加上一个风险溢价 $\dfrac{R_M - R_f}{\delta_M^2}\delta$；而且，这个风险溢价与你的投资组合自身的风险和整个风险资产市场的风险水平的比例正相关，即 $\dfrac{\delta}{\delta_M^2}$。这个结论前半部分对于后来的金融学发展有着深远的影响，可以说是奠定了金融学的第一个重要基础，它告诉我们：利率不是资金供求均衡的结果，而是风险的补偿，是无风险利率基础上的风险溢价补偿。本章第一节对于利率的阐述就是以这个结论为支撑的。更进一步地，任何投资组合的无风险利率部分在均衡状态下都是不可变的；而风险溢价部分可以根据投资者的风险偏好放大或者缩小，所谓"缩小"实际上是分散投资的结果。这种可以分散的风险在金融学称为**非系统性风险**；而无风险利率是不可分散的，这种风险就是**系统性风险**。

4. 虽然资本市场线出现时有效市场假说尚未"坐胎"，但前者的某些思想已经预示了未来人们关于市场效率的深入思考。根据资本市场线的内在含义，任何投资组合都不可能好过资本市场线上的组合，而资本市场线最根本的两个支点就是两个：无风险资产和市场组合。这实际上就意味着"任何人都不可能战胜市场"。这与后来的有效市场假说在思想上是一脉相承的。

（三）证券市场线（SML）

到资本市场线，夏普的研究已经解释了资产组合的价值规律，但仍没有回答最初的那个问题：单一资产的价值规律是什么样的？夏普没有让遗憾延续，他富有创造性的工作终于解开了这个困扰了以马科维茨和托宾为代表的一代学者的难题。

夏普的创造性主要体现在两个方面：一是他没有绕太大的弯子，而是根据资本市场线的成果直接明确了单一资产的预期收益率也一定是无风险利率与风险溢价之和；二是在确定单一资产风险溢价时，通过单一资产与整个市场组合的风险的相关性将可测算的市场组合风险转化成单一资产风险，这是解决整个难题的最关键的一步。

根据夏普的推导，单一资产的风险与市场组合的风险的关系可以用一个 β 系数来描述：$\beta_i = \dfrac{\delta_{iM}}{\delta_M^2}$。其中，$\delta_{iM}$ 表示单一资产 i 的预期收益率与市场组合 M 的预期收益率之间的协方差。

β 系数的推导是一个相对复杂的过程，但如果从一般掌握的角度，其含义是比较好理解的：我们可以把某一资产（接下来我们将称单一证券）的 β 系数拆成两部分，即 δ_{iM} 和 $\dfrac{1}{\delta_M^2}$。δ_M^2 就是市场组合的风险水平（用方差表示），$\dfrac{1}{\delta_M^2}$ 就相当于把市场组合风险分成 δ_M^2 份的情况下其中的一份风险；市场组合获得收益是因为组合承担了总共 δ_M^2 这么多风险，而市场组合收益与证券 i 的收益是相关的，且相关的总体误差为 δ_{iM} ①。那么，$\dfrac{\delta_{iM}}{\delta_M^2}$ 就可以近似地理解为市场组合在承担一个单位风险时获得的收益条件下，与证券 i 获得的收益的误差。

根据资本市场线的结论，市场组合的收益由两部分构成：无风险利率和风险溢价。同样地，证券 i 的收益也是两部分：无风险利率和风险溢价。无风险利率在某一特定均衡时刻对于任何资产都是一样的，因此，两者的差别就在于风险溢价这部分。

根据刚才对 β 系数的分析，可知市场组合在承担 $\dfrac{1}{\delta_M^2}$ 个风险时的风险溢价应该为 $(R_M - R_f)\dfrac{1}{\delta_M^2}$。又由于，$i$ 证券与市场组合的收益的总体误差为 δ_{iM}，所以，证券 i 的风险溢价就是 $(R_M - R_f)\dfrac{\delta_{iM}}{\delta_M^2}$，或者 $\beta_i(R_M - R_f)$。至此，就得出了证券 i 的预期收益，即

$$R_i = R_f + \beta_i(R_M - R_f) \tag{2-2}$$

---

① 协方差的数学含义即是两个变量的总体误差。

其中，R_i 为证券 i 的预期收益率。

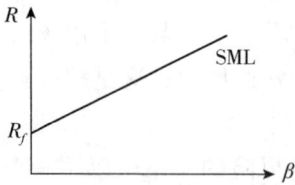

图 2-7　证券市场线

直到这一刻，我们终于弄清楚了单一资产的价值规律，即式（2-2）。由于市场上具有相同预期收益与风险关系的证券不止一个，因此，式（2-2）实际上表达的是一类证券的价值规律，我们把这一类证券就叫作第 i 类证券，因此，式（2-2）又被称为**证券市场线**（Security Market Line，SML），如图 2-7 所示。

证券市场线与资本市场线以及市场组合点构成了资本资产定价模型的最核心的三个内容，它们不仅解释了投资组合与投资绩效之间的关系，还在金融学发展的历史上第一次揭示了资产内在价值的变化规律。连同此前为资本资产定价模型奠定基础的资产组合理论和分离定理，形成了金融学历史上第一个投资价值理论体系，其意义和价值都十分巨大。

但这个理论体系的意义并不仅限于投资和价值分析这样的具体范畴，其思想内涵更是明确了金融学的基本理念并确定了金融学此后的发展方向。

首先，该理论体系第一次明确了资产的价值不是供求均衡的结果，能够决定资产内在价值的根本力量是其预期收益以及相应的风险。正是这种创新性的思路引领了此后所有资产定价理论创造者始终走在正确的道路上，而没有受到传统经济学思潮的影响。

其次，该理论体系第一次"暗示"了市场是不可战胜的，任何投资者——无论多么聪明——都不可能跨越资本市场线为其划定的绩效边界。如果有，那也一定是瞬间出现的套利机会，会很快随着套利活动的涌现而快速消失，并最终回到资本市场线的市场均衡状态。这种暗示对于后来的有效市场理论以及无套利均衡理论都产生了深远影响。

再次，该理论体系自凯恩斯之后再次明确了利率与风险的关系，解释了利率的本质是风险的补偿，无论是资本市场线还是证券市场线，都证明了无风险利率与风险溢价所构成的风险补偿，为此后的利率理论的发展确立了重要的思想范式。

最后，该理论体系历经曲折，但最终揭示了资产内在价值的变化规律，这在整个金融学发展史上是绝无仅有的，此后那些更实用、更受推崇的资产定价理论都没有像资本资产定价模型这样更纯粹地研究资产价值。尽管资产价值对于确定即时交易价格并非不可替代，但从长期投资的角度看，资产价值的确定更可靠也更科学。

三、资本资产定价模型的一个应用

资本资产定价模型在揭示了资产内在价值规律的同时，可能也会给读者留下一个困惑：虽然资本市场线和证券市场线展示了资产（或者资产组合）的预期收益与相应风险之间的关系和规律，但究竟该如何把这种规律转化成实实在在的资产价格呢？接下来，我们通过一个虚拟案例来介绍一个资本资产定价模型在这方面的应用。

═══ **例 2 – 2** ═══

项目是否可行

现在我们假设某企业要扩大主营产品的生产，需再建一个工厂，假设该工厂建设期为 0，生产期为 3 年，3 年以后该工厂将无偿转让他人[①]；3 年生产期每年将产生现金流入 1 亿元，起初投资为 2.55 亿元。同时已知，拟建工厂所在地政府非常希望引进该项目，在当地政府的支持下某银行愿意提供（年化）利率为 8% 的贷款。现在摆在企业决策者面前的问题是该工厂是否该建？

熟悉财务管理的读者都很清楚，这是一个典型的财务可行性分析问题。根据财务管理的相关知识，财务可行性的关键在于净现值（NPV）是否大于等于 0，如果是，则财务可行；如果否，则财务不可行。而计算净现值的关键要素就是折现率。

究竟该如何确定折现率？目前，国内教科书主要采取两种方法：一是"行规法"，即根据行业约定俗成或者国家财务规定，直接确定折现率，比如此前建筑业的折现率统一为 10%。但这种做法非常缺乏科学依据，因为对于即便相同行业的具体不同项目，折现率不可能一样。二是定性分析法，要求评估者在确定折现率时必须考虑诸如行业竞争、通胀水平、潜在风险等，似乎非常全面。但具体到究竟如何考虑这些因素，依据什么公式或者模型进行计算，书中却没有给出明确做法。

也有的专业书籍鼓励用银行贷款利率作为折现率，比如例 2 – 2，既然有

---

① 这样的假设只是为了下一步运算简便，与实际情况无关。

银行愿意提供年化利率为8%的贷款，那就用8%作为折现率，于是有：

$$NPV = -2.55 + \frac{1}{1+8\%} + \frac{1}{(1+8\%)^2} + \frac{1}{(1+8\%)^3} = 0.0273(亿元)$$

根据净现值法则，该项目可行。但这个项目真的可行吗？

所谓折现率，很多人误以为是一种投资者的盈利能力，这种理解源于"最低可接受收益率"的说法。其实，收益水平不可以简单地与盈利能力画等号，根据资产组合理论以及资本资产定价模型的思想，（预期）收益水平是一个与风险非线性正相关的变量，也就是说，如果你无法明确知道一项资产的风险水平的话，可以通过其预期收益来衡量，即收益水平更多的含义是风险水平。因此，折现率要表达的不是投资人的盈利能力，而是其投资项目的风险水平。

以这个标准来衡量，用银行贷款利率作为折现率的做法是非常错误的。鼓励这种做法的人原本以为贷款利率即是融资的成本，因此只要我的盈利水平超过这个成本就应该是可行的。这是传统经济学边际思维的又一次体现。然而，资产组合理论和资本资产定价模型告诉我们：当你承担了一项资产的风险却不能获得相应收益的话，你的投资价值就是低于资本市场线或者证券市场线的，也就是说，你相当于买了一项"物非所值"的资产，这在风险四伏、竞争激烈的资本市场是不可行的。或者也可以说，一旦购买了"物非所值"的资产，在"不好的"风险暴露的情况下，投资者的处境将是难以为继。

回到例2-2，既然作为折现利率，那么，究竟该如何科学地确定折现率呢？其实，资本资产定价模型为我们提供了这样的方法。假设该企业决策时该国还有三年到期的国债的到期收益率（在这里可以直接作为无风险利率）为年化利率3.5%，股市的市场组合收益率为7.5%，该企业股票的 β 系数为1.5。

该企业认为，如果投资建厂扩大生产规模的预期收益达不到该企业股票的预期收益水平的话，那就不如放弃投资建厂，转投该企业股票[①]。在这个思想基础上，根据资本资产定价模型的证券市场线，决策者认为，新建工厂的折现率应为

$$r = R_f + \beta(R_M - R_f) = 3.5\% + 1.5(7.5\% - 3.5\%) = 9.5\%$$

根据净现值法则有：

———————————

① 此处我们暂且不考虑企业回购股票的种种限制。

$$NPV = -2.55 + \frac{1}{1 + 9.5\%} + \frac{1}{(1 + 9.5\%)^2} + \frac{1}{(1 + 9.5\%)^3} = -0.0411（亿元）$$

于是，该项目不可行。

这种方法的意义在于：

首先，它克服了以往单纯定性分析的弊端，以直观、缜密、易行的量化手段来确定折现率，操作上更加科学。

其次，它避免了传统主观判断的失误，它以市场信息为依据，在投资风险的判断上更加客观。关于这一点，我们需要着重说明。回顾上面用证券市场线确定折现率的过程，无论是无风险利率还是市场组合收益率，都是根据市场实际信息测算出来的，也就是说，这些数据不是根据人的想象得出的，是客观存在的。而 β 系数，这是特别应该得到关注的，这个系数表面上看只是一个因素，但其背后隐含了丰富的信息，包括市场对于通胀的预期、对于行业竞争的判断、对于项目风险的预期，甚至包括了市场对于整个宏观经济的预期。因此，当我们运用资本资产定价模型来确定项目折现率的时候，实际上就已经认可了市场对于折现率的判断和预期①。

总结一下例 2-2 的解决过程，我们有两点收获：

一是运用资本资产定价模型为一项资产定价。在这个例子中，我们应用了

---

①　对于非专业人士来说，这件事有些不好理解，一个 β 系数怎么会包含那么多信息呢？或者，市场上的投资者又是根据怎样的数学模型把这些因素转化成 β 系数的呢？其实，这个过程不像大家想象的那样复杂。打个比方，你现在要过马路，马路上车水马龙，你是怎样作出"过"还是"暂时不过"的决策的呢？根据经典物理学知识，你应该首先计算出马路上奔驰而来的车辆的速度以及到达你所选择的过路点的距离，然后计算出该车辆到达路点的时间，同时，你还要算出你的速度以及到达路点的距离，同样计算出你要用的时间，然后再根据"两者时间相等不能过，不等可以过"的原则，作出过还是不过的决策。但实际过程不可能是这样的，否则你一整天都别想过这条马路，因为过程太复杂了，耗时太长，等你算明白了下一辆车又过来了。你最大的可能是根据一种模糊的判断加上必要的经验来作决策，但是，一旦你的决策作出来了，你的决策本身就隐含了经典物理学的全部计算过程及计算结果。市场信息也是一样，投资者选择某只股票的时候不可能先去根据种种信息和预期算一算它的 β 系数，但是，一旦投资者决定投资某只股票了，它的决策就隐含了他/她对 β 系数的判断，以及 β 系数所应该包含的全部信息。这就是上面这段文字背后的道理。这种利用变量隐含信息来倒推其他变量的做法在金融学里面用得非常多，读者可以好好体会。顺便讲个小故事，2009 年我在复旦大学做访问学者期间，也曾给学生讲这种隐含现象，当时有个经济学专业的学生反问我：这不就是经济学所说的"羊群效应"吗？其实，隐含分析与羊群效应本质上不是一回事，羊群效应是一种盲目跟从现象，即不作任何分析的情况下完全接受别人的决策，更像是低着头跟在别人后面一样。这种做法的最大危害在于要出事儿全出事儿。而隐含分析不是这样，它是把别人的决策所隐含的结论纳为己用，根据自己的实际情况和理念最终作出属于自己的决策。这种决策本质上是独立的，而羊群效应中跟随者没有自己的决策。

证券市场线（SML）来确定一项资产的具体折现率，然后运用净现值法则计算出该项资产的价值。尽管这种方法也存在局限性①，但在尚无其他更科学有效的方法之前，这种方法的可靠性最高。

二是弄明白了折现率与预期收益率以及盈利能力的相互关系，切记：**折现率永远是项目自身的风险度量，而非投资者的损益分歧点**。也可以理解为：**即使降低融资成本，也不可能把一个坏的项目变成好的项目**。

第二个"收获"特别值得注意，其中更深刻的道理要到第三章介绍 MM 定理的时候才能真正揭示。但现在我们就应该牢牢记住它，并学会运用它来分析一些金融问题，比如，为什么政策性银行在扶持某些特定对象的过程中总也收不到理想的效果？其中很大一部分原因就在于，政策银行往往只注意提供优惠贷款，而没有或者很少使用其他有效金融扶持。优惠贷款只能降低受惠人的融资成本，却不能改变受惠人所要做的事情的价值。一旦那些"事情"本身的价值极低，再优惠的贷款利率也不可能改善受惠人的实际处境。

为了让读者更准确地理解上面的"收获二"，我们不妨把例 2－2 做一个有趣的延伸，现假设该建厂项目 2.55 亿元的起初投资中，有 0.045 亿元是必须向地方政府缴纳的土地出让金，而该地方政府又却有引进该项目的意愿，于是决定免去这笔土地出让金，同样的问题是：该项目这回可行吗？

或许有的读者会这样思考：所谓免去 0.045 亿元的土地出让金可以理解为"降低融资成本"的一种替代形式②，相当于在日后利息支出中节约了 0.045 亿元。根据刚刚说过的"降低融资成本并不能把一个坏的项目变好"的原则，地方政府此举并没有改变项目的性质，于是得出"项目依旧不可行的结论"。

事情真是这样吗？我们不妨对比一下当地政府前后出台的两项政策的差异：第一个政策是鼓励某银行提供优惠贷款，优惠体现在融资成本的节省上，但这个节省是对未来不确定性背景下的支出的节省；而第二个政策是直接免去土地出让金，是对当前确定性背景下的支出的节省。这两种做法的区别在于：让投资人在未来不确定背景下节省支出并没有改变项目自身的风险，而只是改善了投资人还款风险；而让项目的期初投资直接减少，改变的是项目自身的风险，也就是说不管谁来干这个项目，你都不需要在未来赚更多的钱来弥补期初

---

① 详见第四节具体分析。

② 细心的读者可能会注意到，如果不考虑时间价值的话，这个 0.045 亿元恰好是优惠贷款相对于资本资产定价模型算出的折现率节约下来的融资成本。

的投入。

把这个抽象的说明过程具体化到本例中，就是：

$$NPV = -(2.55 - 0.045) + \frac{1}{1 + 9.5\%} + \frac{1}{(1 + 9.5\%)^2} + \frac{1}{(1 + 9.5\%)^3}$$

$$= 0.0039(亿元)$$

很明显，由于期初投入的减少，使得项目的净现值由负变正了，也就是说原来投入2.55亿元净现值为负，相当于用2.55亿元购买的这项资产"物非所值"，而现在在当地政府的新政策下，你只需要投入2.505亿元就可以买下该项目，净现值为正，说明投入是"物超所值"。因此，正确的答案是：在地方政府免去0.045亿元土地出让金的条件下，该项目由不可行变为可行。

读者可能会因这个"有趣的延伸"变得暂时困惑而觉得"无趣"了，其实这个困惑很容易消除。我们还是回到资本资产定价模型，现在我们把未来三年的总值为3亿元的现金流视为一项资产，资本资产定价模型帮助我们计算出这项资产的价值为2.5089亿元。现在的问题是：你应该花2.55亿元的代价获得它，还是应该花2.505亿元的代价获得它呢？答案显而易见。

在这部分内容的最后我们需要着重说明一点，在这部分分析过程中，我们一直是以"净现值法则正确"为前提，并且是站在项目本身的立场作为分析的基础。这里面有两个问题：一是净现值法则真的正确吗？二是实际投资决策是否真的只从项目自身出发？对于第一个问题，本章附录中"净现值法则的对与错"将作详细解释；而对于第二个问题，实际投资决策确实不能只从项目自身考虑，还必须考虑到投资主体所有者的利益，这种情况将在第三章MM定理部分详细介绍。

第四节　资本资产定价模型的局限性

尽管资本资产定价模型为金融学的发展奠定了重要基础，也为研究资产内在价值确立了科学的思想范式，但如同所有理论的发展演变一样，在特定的历史背景和特定的学术基础的局限下，资本资产定价模型也不可避免地存在一些问题，这些问题有一些是理论研究必须面对并解决的，有一些则是需要在实际操作中不断完善的。

本节就是要将这些问题展现出来，并对可能的解决思路提出构想。

一、静态模型难解动态问题

首先我们必须清楚资本资产定价模型只是一个静态模型，它描述的是资产或资产组合在某一均衡状态下的内在价值规律，因此它的结论必须满足均衡状态的基本条件和基本假设，一旦这些条件变化了，表达规律的具体内容就会随之变化，这对于该理论的应用造成一定困难。

我们不妨以指数基金为例，来展示这种困难。资本资产定价模型的重要结论之一——市场组合点为指数基金奠定了理论基础，它告诉我们：如果仅以股票代替风险资产的话，那么最优的股票组合就是复制股市本身，即根据股市的构成以及与整个故事的市值之比，来确定投资的分配与比例。但是，股市是一个动态的过程，其市值以及个股的市值都是不断变化的，这种情况下要"紧跟"构成及比例几乎是不可能的，甚至还没等你这边计算完呢，那边的数据已经变了。

从理论上讲，市场组合是可以根据市场的变化而不断调整的，但在实际操作中又是一种不可能，原因有两个：一是时间差仍难以消除，就像刚刚说过的，你这边调整仓位的交易指令还没发布完，那边的股价已经又变了；二是成本问题，股票市场的每一笔交易是要手续费的，指数基金调仓的频率越高，调仓的成本也就越高，当调仓的频率还没来得及接近股价变化频率呢，高昂的成本已经使基金吃不消了。因此，简单地调仓不能解决这个难题。

后来，金融市场出现了股指期货，部分解决了这个问题。基金管理者可以根据主要成分股与整个股指之间的相关性，有针对性地做多或者做空股指期货，通过股指期货的盈亏来对冲成分股股价波动所带来的市值比例变化，可以非常接近调仓的效果。由于期货的交易成本要比股票买卖成本低，所以，这种方法首先解决了调仓成本问题；同时期货这种金融工具具有动态变化的特性，因此用股指期货作为调仓工具又可以解决静态设计与动态变化之间的矛盾。

但是，并不是所有资本资产定价模型的应用都有合适的方法来解决静态理论与动态实际之间的矛盾，因此，这个理论的应用仍有很多具体问题需要解决。

二、对非交易资产的定价比较困难

所谓非交易资产是指不在公开市场进行交易的资产。资本资产定价模型对这类资产的定价要比较困难。就比如上一节中，我们介绍了运用证券市场线来测算折现率的方法，但这个方法有个前提，那就是项目的拥有者必须是一个公开发行股票的公司，甚至还应该是一个上市的股份公司，只有这样我们才能测算出其股票的 β 系数，然后才能算出股票的预期收益率，并以此作为项目折现率。

现在我们换一个条件，加入这家企业不是股份公司，也没有什么股票的 β 系数，请问又该如何解决折现率测算问题呢？

从资本资产定价模型自身来说，无法解决这个问题，好在金融学有资产复制方法[①]，可以使问题迎刃而解。大致做法是：首先用市场上正在交易的资产为基本要素复制该项目，根据所使用的交易资产的数据测算出项目的预期收益率作为折现率。

三、对资本资产定价模型的其他争议

关于资本资产定价模型的争议从该理论问世就从未间断过，这些争议主要集中在三个方面。

一是该理论假设条件与实际情况不符，比如不存在交易成本的假设，投资人具有相同预期的假设，报酬率呈正态分布的假设，等等；

二是资本资产定价模型只适合风险资产定价，对于无风险资产的定价以及更广泛的（比如人力资产）的定价无能为力；

三是 β 系数的测算严重依赖历史信息，对于未来新信息没有体现。

这些争议中，有一些是几乎所有理论都会面对的，比如假设条件与实际情况存在差距的问题。也有一些是操作的问题，比如关于 β 系数的测算，如果是依据过去较长一段时间的信息来测算 β 系数，肯定是有问题的，因为这等于承认历史事件一定在下一个相同长度的时段发生，这是典型的机械唯物主义世界观。但如果这个测算时段向现在时点无限靠近的话，这个测算的极限值就有参考价值了，它隐含了投资者对未来的预期。

附录一：净现值公式的"对"与"错"

很多人都知道净现值法则是财务管理的重要评价手段，殊不知，这个法则对于金融学来说同样重要，甚至，金融学更迫切地需要知道一项资产当前的价值与其未来价值之间的关系。然而长期以来，人们在使用这个方法的时候很少注意这个方法的实践性和可操作性，盲目将其视为放之四海而皆准的"公

---

① 这种方法将在本书第五章中详细介绍。

理"，结果反而容易在这个方法上"犯错误"，甚至犯了错误还不知错在哪里。

首先必须肯定的是净现值公式的逻辑是没有任何问题的，它从类似于储蓄存款的本利和公式出发，只运用了一次简单的逆运算便解决了根据资产远期价值（未来价值）求得即期价值（现值）的数学关系，即 $NPV = \sum_{i=0}^{n} \frac{C_i}{(1+r)^i}$，其中，$C_i$ 为第 i 期现金流，r 为折现率。

考虑到折现率实际上就是一项资产在未来存续期内（n 期内）的风险补偿，因此，净现值公式是一个既满足数学逻辑，同时又满足金融学逻辑的资产价值模型，本该无所争议。但是，当我们实际运用这个公式的时候却会发现，事情远没有那么简单。

首先，最关键的问题就是那个我们讨论过的折现率，我们凭什么确定折现率？前面的内容批评过普遍存在于当前教科书中的定性"说教法"，因为这种方法几乎不具有可操作性，也缺乏必要的数学逻辑作支撑。后来介绍了一种运用资本资产定价模型来确定折现率的方法，但由于资本资产定价模型本身尚存诸多争议，因此，这个方法某种意义上讲只能是一个"权宜之计"，并不能说就一定可以得出正确的结论。那么，到底该如何确定这个关键因素呢？

坦白地说，直到今天，任何科学体系都没有解决这个问题，道理其实不难理解，由于未来的不确定性是我们今天无法估量的（否则它就不叫不确定性了），也就是无法量化的，由于不确定性的不可量化性，必然导致表达风险补偿的利率也无法量化。因此，折现率实际上是一个凭我们当前掌握的知识所无法解决其量化问题的自然变量。

如果是这样的话，就很容易让人搞糊涂，到底资产现值与终值的关系存不存在呢？细心的读者要是再稍微捋顺一下的话还会发现，这个命题简直就是一个哲学悖论①：我们首先明确从金融学的角度利率是风险的补偿，然后又说风险不可知，否则就不是风险，由此利率也不可知，而利率是我们掌握资产价值

---

① 悖论是一个专业性很强的概念，我们不打算从专业的角度阐释究竟什么是悖论，我们不妨从一个经典悖论命题出发，来说明悖论的一般含义。哲学上有一个著名的阿基里斯悖论，阿基里斯是古希腊神话传说中的英雄，奔跑速度惊人，但这个命题却说如果要乌龟在前，阿基里斯在后，进行赛跑的话，阿基里斯永远也追不上乌龟。它是这么推理的：假设阿基里斯的速度是乌龟的 10 倍，阿基里斯与乌龟相距百米，当阿基里斯追到乌龟出发的位置时，乌龟向前跑了 10 米；当阿基里斯再追 10 米的时候，乌龟又向前跑了 1 米；当阿基里斯再追 1 米的时候，乌龟又向前跑了 0.1 米；……如此下去，阿基里斯可不是永远都追不上乌龟吗？但实际情况肯定不是这样，速度快的一定能追上速度慢的。这个命题告诉我们一个简单的理解悖论的方法（不一定科学），所谓悖论就是用正确的逻辑推导出错误的结果。

的关键，资产价值又是整个金融学的关键。这么推理下来，岂不是说金融学不可知了吗？

其实，读者不要误会，不可知的事情不意味着不存在，金融学明确了风险的客观存在性，进而明确了利率、资产与风险的三者关系，这在逻辑上没有任何问题。所谓遗憾的是，这种逻辑在实际操作上是有困难的，而这种困难并非不可解决。实际上，金融学后来的发展就是围绕如何解决这三者关系的实际操作而展开的。

还是回到净现值法则，由于我们没法确定折现率，因此，任何依靠净现值公式来表达一项资产当前价值与未来价值关系的结果都是不可靠的！

然而遗憾的是，目前我们绝大多数教科书在介绍资产定价的时候都以净现值公式作为基本依据，甚至是直接操作手段来对债券甚至是股票进行定价，这是非常不科学的，甚至可以说是非常危险的。其实我们只要观察一下债券市场就会发现：任何债券，包括被公认为干扰因素最少的国债，除了发行价格外，任何市场交易价格都不是预期现金流按票面利率的折现值，因为市场是在不断变化的，新信息的出现改变了发行之初的风险水平，因此折现率必须根据新的风险作调整，尽管我们并不知道调整的公式是什么，但市场却不断地在以一种类似于"试商"的方法修正着当前的利率（到期收益率）水平。

实际上，债券（这里不妨专指公司债）的定价过程是非常复杂的，著名的期权定价理论创始人布莱克和舒尔茨曾在他们那篇著名的论文《期权与公司负债的定价》中分析过公司债的定价机理，他们认为一只公司债实际上是一系列期权的复合。

假设公司债券不是纯贴现债券，现在我们从后往前看，就会发现：当最后一次利息支付之后，举债人（实际上就是公司的所有人，也就是股东）可以按照债券面值从债券持有人手中购买这家公司（相当于赎回）。这很像是一项买方期权，我们不妨将其称为"期权1"。那么，公司股东是怎么拥有这项期权的呢？是因为他们在倒数第二次支付利息的时候获得了这项"允许他们在债券到期时（也就是最后一次支付利息时）以债券面值买回公司"的权利，我们将其称为"期权2"，这个期权的价格相当于倒数第二次支付的利息。那么，股东又是如何拥有"期权2"的呢？是因为他们在倒数第三次支付利息时获得的……依次类推。

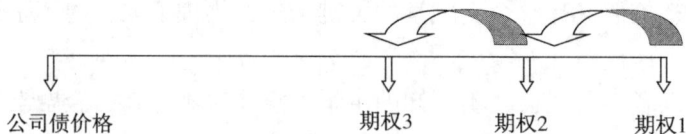

图 2 - 8 公司债内含的期权属性

由于这个系列中第 n 项期权的标的资产是第 $n - 1$ 项期权，所以，公司债实际上是一个复合期权，公司债定价是一个复合期权的定价过程。可想而知，这个过程有多复杂。

未来现金流相对明确的债券尚且如此，股票就更不能用净现值公式了，因为股票未来的现金流非常不确定，这实际上也是净现值公式缺乏可操作性的第二个原因。

因此，关于净现值公式，我们可以得出两个非常重要的结论：

首先，净现值公式的逻辑是正确的，这一点在第三章"金融学基本定理"部分会有详细说明。因此，当我们需要运用这个逻辑证明某些结论的时候，该公式是可以用的。比如，第三章的 MM 定理就是用这个公式证明的。

其次，净现值公式在实际操作时，由于缺乏一套可靠的方法来确定折现率，因此得出的结论往往是错误的。所以，切不可相信某些书籍上介绍的运用净现值公式进行资产定价的方法。

然而，我们说净现值公式不实用不是说在什么场合下都不能应用，实际上，很多经济分析师恰恰用这个公式分析某些经济预期。比如，一年后到期的国债价格近期出现连续下降，经济分析师会告诉你：这说明市场对本币的通胀预期正在上升。经济分析师是怎么得出这个结论的呢？

其实很简单，他只是把净现值公式"倒过来"用了。即首先他接受市场定价是正确的，市场价格就是国债的内在价值。而国债未来支付的现金流是确定的，这样的话，在公式 $NPV = \sum_{i=0}^{n} \dfrac{C_i}{(1 + r)^i}$ 中，只有折现率 r 是未知的。根据分式性质，我们可以很容易得出这样的结论：国债价格下跌折现率必然上升。由于折现率代表的是资产的风险，而国债可以被假设为无违约风险，其最主要的风险就是通胀风险。所以，国债价格下跌意味着市场对通胀的预期上升。

运用类似方法，我们还可以根据公司债价格变化来判断该债券发行人支付风险的市场预期。但是，不管怎么用，这个公式都不适合股票的相关信息判断，因为股票的未来现金流充满不确定性，而且这种不确定性并不代表公司是"利好"还是"利空"。比如，公司在市值上升阶段出于接下来发展的需求，减少红利的发放（甚至不发），即便现金流折现率不变，这也不是利空消息，只要留存红利投入到合适的项目上①，公司股票照样会升值。

附录二：人物轶事②

（一）"默默无闻"的马科维茨

在众多的名家学者中，马科维茨一直名声不大，以至于1990年他与夏普、米勒一起获得诺贝尔经济学奖时，竟被学术界形容为"一支业余橄榄球获得了全美冠军③"！但实际上，早在马科维茨获奖38年前，他的那篇著名的也是铸就其最主要学术成就的论文《投资组合的选择》（*Portfolio Selection*）就已经公开发表。不过，这篇文章并没有得到应有的重视，从1952年3月该论文发表到1960年近8年的时间内，这篇论文在学术文献上被引用的次数不超过20次！

马科维茨1927年出生在美国芝加哥市的郊外，年少时最喜欢的书籍是达尔文的《物种的起源》，并深深喜爱达尔文的陈述问题的方式和风格。马科维茨还很喜欢哲学，最崇拜的偶像是英国哲学家大卫·休谟，尤其是休谟那篇《关于理解活动运作的怀疑论》（*Skeptical Doubts Concerning the Operation of the Understanding*）对马科维茨产生了深远的影响。

申请大学时，马科维茨的高中成绩并不符合芝加哥大学的入学标准，但他一心只想上芝大。后来芝加哥大学对他的研读成果进行了评估，允许他参加该校入学考试，马科维茨也没有辜负这次难得的机会，一举中的，如愿考上芝大。

马科维茨获得经济学学士学位后，继续攻读硕士。期间，他有幸结识了诺贝尔经济学奖获得者库普曼斯，并跟其学习线性规划。正是这门课程激发了马

---

① 究竟什么项目算是"合适"，第三章的MM定理将给出一种判断的方法。

② 从本章开始，每一章的附录都会介绍一些该章内容涉及的名人轶事，不是要给读者讲故事，而是希望读者能从多重角度体会这些名人的思想历程和学术品格。但由于这类内容不易归纳，更不易科学化，所以只好以轶事的方式展现给读者。

③ 这个比喻有点像中国的社区大妈打败奥运乒乓球冠军一样。

科维茨研究如何使用线性规划设计投资组合的想法，但他得出的结论却是
"这个问题不能用线性规划解决"。库普曼斯给了他 "A" 的成绩，并批注道：
"这个问题看来不难，为何不把它解出来"。或者正是这样的激励才成就了马
科维茨日后的伟大贡献。

马科维茨攻读博士学位的研究方向依然是投资组合问题，并基本形成了其
日后赖以成名的 "资产组合理论"。然而，他的博士之路并非一帆风顺，就在
他参加博士论文答辩时，当时的答辩委员会成员之一、著名经济学家弗里德曼
却对他的论文颇有微词，弗里德曼认为，马科维茨的论文既不是经济学论文也
不是数学论文，甚至不能算管理学论文。这让马科维茨十分沮丧。但就在他以
为一切都无从挽回时，委员会的其他成员却对他的论文给予充分肯定，就在马
科维茨离开答辩教室 5 分钟后，委员会成员之一的马查克走到马科维茨面前，
面带笑容地说了句："恭喜你，马科维茨博士。"

（二）凯恩斯学派的 "离经叛道者" ——詹姆斯·托宾

1981 年，詹姆斯·托宾获得诺贝尔经济学奖，当记者要他用一句话通俗
地介绍一下他的获奖成果时，他脱口而出："不要把鸡蛋放在一个篮子里。"
托宾的这个行为在经济学家中间，尤其是凯恩斯学派的学者中引起一阵小小的
波澜，因为，托宾的这句话明明说的就是他的资产组合理论。而在当时，像投
资、金融、财务这类学科被认为是无法和正统的、以宏观经济发展为己任的经
济学相提并论的。然而，这些人也许不知，诺贝尔委员会在考虑给托宾授奖
时，的确把他在投资领域的成就作为其主要贡献。

但托宾对经济学，乃至凯恩斯学派的离经叛道还不止这些，实际上，他之
所以能在资产组合上取得突破性进展，最关键的就是他摒弃了凯恩斯学派
"非此即彼" 的思维模式，大胆引入无风险资产与风险资产组合进行再组合，
方才有了突破性的 "分离定理"。

詹姆斯·托宾 1918 年出生在美国伊利诺伊州，其童年经历了美国的经济
大萧条，其外祖父的银行正是在这一时期破产，这对托宾日后的专业选择产生
了决定性影响。托宾在哈佛大学就读期间，之所以选择经济学专业，除了其外
祖父不幸的经历对其产生的影响，另一个重要原因就是经济学经常用到数学，
而托宾对数学（尤其是代数）有着浓厚的兴趣。

攻读经济学期间，对托宾产生最大影响的书籍就是凯恩斯的《就业、利
息与货币通论》（*General Theory of Employment, Interest and Money*），其中涉及

的失业与通胀恰恰是托宾日后最主要的研究领域。

托宾在哈佛攻读研究生时，爆发了"珍珠港事件"。托宾应征入伍，经过培训，担任了海军某驱逐舰的舰长。有人认为托宾的这段经历对其后来的投资风险研究产生影响，因为战争时时刻刻笼罩着各种各样的风险。

战后托宾回到哈佛，继续从事经济学的学习和研究，并于 1947 年获得博士学位。从 1950 年开始，托宾一直在耶鲁大学任教，1957 年被任命为经济系斯特林讲座教授。

1960 年 12 月，刚刚当选美国总统的肯尼迪邀请托宾出任肯尼迪政府经济咨询委员会成员，并亲自打电话给托宾。当托宾拿起电话，得知电话线的另一端是肯尼迪总统时，迷茫地说了句："总统先生，我怕您是找错人了，我只是个象牙塔中的经济学家。"肯尼迪回答道："那最好了，我将是个象牙塔里的总统。"托宾回道："那的确最好。"

（三）"学以致用"的夏普

夏普对资产组合理论的贡献可谓集大成式的，他不仅继承了马科维茨和托宾的思想精髓，还在实践中探索出全新的方法范式，把资产组合理论推向了极致。请注意，我们在这里使用的词汇是"在实践中"，而不是"在研究中"或类似其他学术用词，是有原因的。

夏普在攻读博士期间，在一家名叫"兰德"的智库公司①找了一份研究工作。夏普的研究情趣十分广泛，从"烟害税"（Smog Tax）到"军事调度任务的飞行器区分设计的判准"（Aircraft Compartment Design Criteria for the Army Deployment Mission），都有论文发表。但当时夏普最感兴趣的是"转移价格"问题（transfer prices），甚至还将其作为自己博士论文的主题，并完成了 60 多页。不过，当他满怀信心地把论文草稿交给他的指导教授——著名经济学家杰克·赫施莱弗（Jack Hirshleifer）时，赫施莱弗却否定了夏普的工作，这让夏普十分沮丧。

在朋友的建议下，夏普找到了当时也在兰德公司工作却默默无闻的马科维茨。马科维茨建议夏普从帮助自己处理简化投资组合模型开始，从此将夏普引向了日后取得重大成就的全新领域。

夏普很快就对传统的投资组合模型进行了大胆的改造，他引入一个当时被

---

①　就是当今美国最重要的以军事为主的综合性战略研究机构，大名鼎鼎的兰德公司。

其称为"基本因素"的变量，重新设计了组合模型，这个基本因素被其视为（影响）证券报酬最重要的个别因素，其实就是后来的 β 系数。

夏普的新模型对马科维茨的传统模型有着压倒性的优势，以当时的计算机运算速度计算，要对 100 只证券进行组合设计，马科维茨模型需要耗时 33 分钟，而夏普的简化模型只需要 30 秒！不仅如此，以当时的计算机的处理能力，马科维茨模型一次只能处理 249 只证券，而夏普模型却可以处理 2 000 只！这在当时的技术水平下，都是惊人的成就。

实践上的成功给了夏普极大的信心，他认真整理了自己的工作，结合马科维茨的指导，最终不仅完成了博士论文，更重要的是完成了帮助他后来与马科维茨一起获得诺贝尔经济学奖的资本资产定价模型。

这里还有一个令人啼笑皆非的小故事。当初，夏普刚刚完成简化模型，需要通过实际组合检验模型的效果，于是，他请来了当时一位很有名的证券分析师协助他完成这项工作。夏普首先要这位分析师通过主观判断选出他自己喜欢的股票，然后将这些股票放进夏普简化模型的电脑程序中进行测试。但很快，夏普就发现一个烦人的问题：电脑打出来的投资组合每次都有一只股票超过 40% 的比重，这只股票就是施乐公司的前身哈乐施乐公司。夏普一再追问这位分析师："你就这么喜欢这只股票吗?"分析师回答说："没错"。

当时，夏普的母亲知道儿子正研究股票投资问题，就总是缠着夏普要他推荐股票，而夏普也总是推脱自己不懂选股。正当夏普被那只比重总是超过 40% 的股票弄得焦头烂额的时候，母亲再次提出同样问题。夏普一脸倦意地望着母亲，随口说了句：那就试试哈乐施乐吧。然而造化弄人，夏普的母亲偏偏没有采纳儿子似是而非的建议，放弃了投资哈乐施乐股票的机会，可事后的结果却告诉她这是一个多么错误的决定。

如果当时投资 5 000 美元买进哈乐施乐的话，用不到十年的时间，到 1971 年，这个投资的价值就上升为 171.8 万美元！

夏普能够赢得学术的最高成就，却没能帮助母亲赢得丰厚的投资回报，这也算是对夏普的"学以致用"的一个另类注解吧①。

---

① 我们今天分析，夏普当初很可能还没弄明白单一证券与市场组合的高相关性关系，在有限的股票组合中，一只与市场组合高相关性的股票的比重的确存在放大的可能。因此，40% 并非不可思议。

第三章　无套利均衡

在第二章，我们介绍了揭示资产（或资产组合）价值规律的资产组合理论和资本资产定价模型，这些理论对于我们认识资产价值的内在规律和运行逻辑有着十分重要的意义，也是我们深入研究金融学体系的重要基础。但是，正如已经说过的，这些理论在具体应用过程中受到许多实际因素的限制，还无法使我们全面认识资产交易的最根本基石——资产定价的实际成因和运行规律。因此，需要建立起一个全新的方法体系和思想范式，来指导纷繁复杂的金融资产的定价理论与实践。这个全新的体系与范式就是无套利均衡。

第一节　什么是套利？

对于很多读者来说，"套利"这个词的背后似乎"负能量"多了一些，人们往往容易联想到"不劳而获""尔虞我诈""钻空子"之类的贬义诠释，甚至把套利与"危机"这个词汇紧密相连，因为每当出现各类经济、金融危机的时候，我们总能在各种媒体上看到这个词汇的频繁出现。

然而实际情况并非如此，与很多其他经济、金融词汇一样，套利也是一个中性的词汇，没有好坏之分和感情色彩，它就是一种正常的金融行为，而且，正如你很快就会看到的，套利对于金融市场、金融活动，乃至金融理论的发展都有着积极的、不可替代的作用，因为，没有套利就没有无套利均衡，没有无套利均衡就没有资产定价，当然也就没有以金融活动为基础的资源配置了。

一、套利的基本概念

套利本身必须同时具备两个要素：一是过程必须无风险，有风险的过程或者行为应该叫风险投资。这一点是初学者必须要注意的；二是结果必须是产生一个正的价值（不管是在即期时刻还是在未来时刻），通俗地讲就是要赚到钱。

依照这样的界定，套利可以分为三种类型：

一是即期获得一个正的支付，而远期无任何支付；

二是即期没有任何支付，而远期获得一个正的支付；

三是即期获得一个正的支付，而远期又获得一个正的支付。

我们不妨用一个具体的例子来说明套利的过程及套利的类型。

===== 例 3 -1 =====

通过投资组合实现套利

假如市场上有这样三只证券 A、B 和 C，它们当前的价格及未来的支付情况为

$$A:1 + \begin{array}{c} 1 \\ 1 \\ 1 \end{array} \qquad B:1 + \begin{array}{c} 0 \\ 2 \\ 2 \end{array} \qquad C:2 + \begin{array}{c} 2 \\ 0 \\ 0 \end{array}$$

左边为当前价格，即三只证券当前的价格分别为 1，1，2；右边为未来的三种支付情况[1]，假设这三种支付的条件完全相同，即要么同时出现最上面的支付情况，要么同时出现中间的支付情况，要么同时出现最后一种情况。

根据这三只证券的实际情况，我们可以设计一下投资组合来实现套利。

（一）买入 2 只 A 证券，卖出 1 只 B 证券和 1 只 C 证券[2]

在这种情况下，我们的投资组合未来的支付为 0，但即期支付却是一个负的，即获得一个正的支付，即

$$2A - B - C: \ -1 + \begin{array}{c} 0 \\ 0 \\ 0 \end{array}$$

这就好比你现在发行并卖出一只证券，获得 1 的支付，但该证券到期你却不必向证券的持有者支付任何东西，甚至是本金。因此，首先应该肯定的是你的行为的结果是有价值的，也就是赚到了钱的。这满足了套利的第二个要素。

---

[1]　读者在此不必考虑数据的合理性，我们只是为了让这些数据更容易说明问题。

[2]　接下来，我们要介绍三种套利类型的具体方案，但必须明确，每一种类型的套利方案不是唯一的。

与此同时，你没有为投资组合承担任何风险。你卖出了 B 和 C，到期时应该想这两只证券的购买者支付，即三种情况分别支付 2、2、2。但是由于你购买了两只 A 证券，A 证券到期是要向你支付的，即分别支付 2、2、2。这样一来，无论出现哪种情况，你都不存在损失的可能，也就是说不存在损失风险，当然也没有获得意外之喜的好的风险。于是，这个组合就满足了套利的第一个要素。

把两个要素综合在一起，这个投资组合就是一个标准的套利过程。根据其不同时点的支付情况，这个套利属于第一类套利。

（二）买入两只 A 证券，卖出 1 只 C 证券

这种组合的支付情况是：

$$2A - C: 0 \begin{array}{l} \text{—} 0 \\ \text{+}\, 2 \\ \text{—}\, 2 \end{array}$$

这种情况下，组合在即期时刻不发生任何支付（既没有现金流出也没有流入），而到期时刻的三种可能中，只有一种可能不发生支付，而其他两种情况均有 2 个单位的收入，即获得正的支付。根据现值与终值的逻辑关系，显然，这样的到期支付的即期价值是大于零的，也就是说，这个组合的拥有者在即期没有付出任何代价的情况下获得了一个价值大于零的资产。这就是第二类套利。

进行到这里，我相信很多读者都会有这样的疑问：未来那三种支付的概率并没有说明，一旦支付为零的可能非常大，而支付为 2 的两种情况的概率都非常小，这样的组合还能套利吗？

催生这种疑问的原因是读者在最初接触套利这种市场行为时还不能把握套利的本质。套利的本质在于价值比较，而非可能性有多大，就以我们正在讨论的这只证券来说，即便到期支付为 2 的两种可能的概率加起来只有一百万分之一，而不发生支付的概率是一百万分之 999 999，按照数学期望值的计算规律，即

$$E(X) = \sum_{i=1}^{n} p_i X_i, \ \sum_{i=1}^{n} p_i = 1$$

仅有一百万分之一可能的支付 2 的当前预期值也一定大于零，只是非常小而已，实际操作可以通过放大组合数量照样实现很大的套利利润。因此，我们可以得出一个重要结论：**套利与概率无关！**而只与价值有关。

（三）买入 4 只 A 证券，卖出 1 只 B 证券和 2 只 C 证券

这种组合的支付情况是：

$$4A - B - 2C：-1 + \begin{array}{l} 0 \\ 2 \\ 2 \end{array}$$

这种情况下，组合在即期支付为负，即得到一个正的支付，而到期时刻的支付情况与情况（二）完全相同，即获得正的支付。这就是典型的第三类套利。

二、套利是靠什么实现的？

通过前面的例题学习，读者已经了解了套利的基本特征和基本类型。现在大家一定关心这样一个问题：一个不承担风险就能确定地获得一个正的价值，这是靠什么实现的呢？

对这个问题的回答不仅影响我们对套利的理解，也影响了后面马上要提到的无套利均衡，甚至还影响了金融学的世界观，因为这个金融学资产定价的后期发展全都是建立在"无套利均衡"这块坚石之上的。

首先，套利不是靠私有信息实现的。这是很多误解金融学的人所不了解的，在一些人看来，套利就是"见不得光"的暗箱操作，一定是某些内幕被少数人占有的结果。然而，当我们回过头去看看前面介绍的例 3 - 1 就会发现，我们所列举的三种套利类型，全都是建立在通过对三种证券公开的支付情况的分析之上的，没有任何隐秘的、内幕的信息作支撑。而唯一可以作为私有信息的"每种支付情况的可能性"则完全被排除在套利决策之外。因此，套利是一种"阳光下的操作"，绝非"阴暗之举"。

但是，并不是所有的人都能够利用公开信息发现套利机会并实施获利，他需要专项的技术、严格的训练、丰富的经验和一定的运气。像例 3 - 1 中的套利机会恐怕也只能存在于教科书中，现实世界中绝不会有这样容易的机会，因为这样的机会一旦出现，用不了一秒钟就会被专业分析师识破，套利方案用不上半分钟就会由高速的计算机委托系统投送到市场前线。同样地，用不上一分钟这块天上掉下来的馅饼就会被套利扑食者们风卷残云了，套利机会瞬间消失。

不过，这种发现并实施获利的技能不同于生产者发现一种新的生产方法使得成本下降而获得超出平均水平的利润的情况，因为后者中的方法往往是某些

人独占的，是典型的私有信息，其他参与者不具有的（至少在新方法诞生之初是这样的）；而前者则不同，套利没有隐秘的信息，也没有隐秘的方法，如果有，那我要恭喜掌握隐秘方法的人，因为这种方法无异于一台印钞机。

当然，所有这些结论都以市场无摩擦为前提。

三、套利的基本原理

既然套利是个"好东西"，实现它又不需要私有信息，也不存在绝密方法，那我们该如何实现套利呢？

虽然套利不存在绝密的方法，但正如上面所说，它也不是什么人都能随随便便实现的。现实世界中，实现套利的方法可谓五花八门、丰富多彩，而且，必须承认的是有些方法还是非常复杂的。不过，再复杂的方法都有一定的原则或原理，就像套利，尽管复杂，但发现、设计、实施套利的原则只有一个，就是"市场公认的或者必须遵守的等式**必须得到满足**"，否则，就一定存在套利机会（忽略交易成本的前提下）。具体说就是：一旦等式得不到满足，套利方案的设计原理永远是"做多小的、做空大的。"

===== 例 3 - 2 =====

"格雷欣法则"与货币套利

所谓格雷欣法则（Gresham's Law），也叫"劣币驱逐良币法则"，是硬币流通时期的一种货币套利现象。具体说就是在实行金银复本位制条件下，金银有一定的法定兑换比率（市场必须遵守的等式），比如"1 枚金币 = 10 枚银币"。

但这只是一种规定，并非市场价格，当金银的市场比价与法定比价不一致时，比如 1 枚金币兑换 11 枚银币，那么，原来的等式就被破坏了，根据市场价格，市场上的这种现象可以描述成"1 枚金币 > 10 枚银币"。根据上面的套利原则，市场参与者就会做多银币，同时做空金币。也就是：在市场上以市场价格卖出 1 枚金币，买入 11 枚银币，再用其中的 10 枚银币去法定机构按法定价格买入 1 枚金币，再去市场上卖掉金币。

如此往复，市场比价比法定比价高的金属货币（良币）将逐渐减少，而市场比价比法定比价低的金属货币（劣币）将逐渐增加，形成良币退藏，劣币充斥的现象，即所谓的劣币驱逐良币。

通过分析我们发现，所谓的"劣币驱逐良币"实质上是一个套利现象，是既有平衡被打破后的市场套利过程，是套利原理的具体体现。但遗憾的是，有很多教科书在讨论这一问题时，忽视了"良"与"劣"的本质和动态变化，以至于在分析完劣币驱逐良币之后会马上补充所谓的"格雷欣法则失效"的描述，认为当劣币驱逐良币的作用发挥到极端时，往往就会走向反面，造成格雷欣法则失效。其实，这与格雷欣法则是否失效无关。因为，所谓"发挥到极端时"，是指市场的套利行为广泛存在之后，套利机会会逐渐消失①，或者，市场普遍存在"法定价格将被迫调整"的预期，因而决定放弃继续套利的一种判断。从这个意义上讲，格雷欣法则还在发挥着作用。

第二节　无套利均衡与资产定价原理

既然套利是个好东西，而且还不需要私有信息，套利的原理也很简单，那是不是人人都可以套利呢？如果是，套利过程是否可以无限进行下去？对金融市场有何影响？更进一步地，对金融学方法论又有何意义呢？本节就是要对这些问题进行回答。

一、套利是一个动态过程

首先需要说明的是，在讨论套利的整个过程中，我们始终假设所有的市场参与者均可参与套利。这个假设是有依据的，因为前面已经说过，套利不依靠私有信息，也就是说，客观上套利机会对于所有市场参与者都是对称的。所不同的是，参与者发现机会、把握机会的能力存在差异，但这些差异并不会从本质上影响这个假设，因为只要存在至少一个"不满足"的参与者，他就会把套利过程无限进行下去，从结果上看，这与所有参与者一起参与套利是一样的。

那么，套利的结果又是什么呢？为了弄清这个问题，我们不妨回到套利过程中，看一看套利会呈现怎样的变化趋势。

仍以例 3 - 1 为例，法定价格与市场价格的差异造成了套利机会的出现，于是所有市场参与者都来套利，他们以 1∶11 的价格卖出金币，买入 11 枚银币，然后去法定机构再按 1∶10 的价格兑换金币，再回到市场重复上面的操

---

① 关于套利机会是怎么消失的，第三节马上就会介绍。

作。这个过程中法定价格暂时不会发生变化，但市场价格是可以不断变化的，随着金币被大量卖出，持有金币的人就会觉得承担了过多的风险，根据风险溢价原理，这些人就会要求更高的风险补偿。提高风险补偿的结果是金币与银币的比价降低了，比如降到1∶10.8、1∶10.5等①。但只要存在差价（即套利机会），套利就会继续，直到持有金币的人要求的风险补偿达到1∶10（即法定价格）时，套利已再无价值，套利活动才会停止。

　　由此我们可以得出一个重要的结论：一旦市场存在套利机会，那么，所有的市场参与者便都会参与套利活动；套利活动的最后结果一定是因套利活动的广泛参与性最终导致套利无价值，即套利机会消失，套利活动停止。

　　同时我们还必须注意到：套利的过程——只要存在——一定是一个动态的过程，并无均衡存在。因为套利组合相对于风险资产组合是一种"优势资产"，即不承担风险也可实现利润。而市场上一旦存在优势资产，那么，在一段时间内便不再存在所谓的最优组合。

　　比如例3－1中的$4A-B-2C$这个组合，由于它是一个套利组合，因此相对于风险资产组合而言就是一种优势资产，如果它是优势资产，那就一定存在比它还"优"的优势资产，比如$nA-B-2C$（其中$n>4$）。于是，在满足性客观存在的情况下，人们就会不断追求更优的投资组合（套利组合）。因此，整个套利过程是一个始终"不断进取""动荡不安"的过程，绝无均衡状态可言。

　　要想让这种动荡的状态停止下来，有且只有一个条件，那就是套利机会消失。所以，金融市场的均衡状态一定是一个没有套利机会的状态，我们也把这种状态称作"无套利均衡"。

二、无套利均衡对资产定价的意义

　　就像商品定价必须依赖供求均衡一样，资产定价也需要一种均衡态，但在无套利均衡发现之前，资产定价的依据是影响资产价值的逻辑。细心的读者也许会发现，前面我们在介绍风险溢价思想时，尽管已经突破了经济学的供求均衡对金融学发展的影响，但是我们并没有给出一个新的均衡，这也就使得风险溢价思想框架内的资产组合理论和资本资产定价理论似乎都缺少必要的均衡态支撑。无套利均衡的发现解决了这个问题，同时也使得后来的金融学理论更具

---

　　① 尽管前面已经一再说过，但在这里我还要再次提醒大家，资产价格的这种变化不是供求均衡的结果，而是风险溢价的函数。请读者对这段描述再好好体会一番。

规范性和逻辑性。

无套利均衡不仅在理论上解决了资产定价的均衡问题，更在实际操作中找到了资产定价的必然逻辑。下面我们仅以远期定价为例来说明无套利均衡在资产定价中的应用。

━━━ **例 3－3** ━━━

不支付收益的资产的远期价格①

假设市场上有一种资产 A，其当前价格为 50 元。现有两市场参与者甲和乙，双方约定 3 个月后甲以一个约定的价格从乙那里购买该资产，且该资产在未来的 3 个月内无收益支付。现在的问题是：双方应该以怎样的远期价格签订这份协议呢？

假如双方约定的价格是 53 元，这个价格合理吗？要回答这个问题，我们还需要进一步的条件，比如当前无风险（年化）利率为 12%，且市场参与者均可以无风险利率借入资金。

如果是这样的话，我们可以设计这样一个投资方案：

（1）以无风险利率借入 50 元，去市场购买一份 A 资产；

（2）与他人签订一份 3 个月后以 53 元价格出售此资产的远期合约；

（3）3 个月后以 53 元的价格将 A 资产出售，然后偿还所借资金 50 元的本息之和。

那么，这个方案的结果将是：$53 - 50 \times e^{0.05 \times \frac{3}{12}} = 1.5$（元）。也就是说，通过上述方案的实施可以获得 1.5 元的利润，而且整个过程不存在任何风险。因此，这 1.5 元就是典型的套利所得。

根据前面的内容，当市场存在套利机会时，所有的参与者都可以参与其中，即使用上述方案获得套利利润。当大家都来套利时，套利机会就会消失，当远期价格等于 $50 \times e^{0.05 \times \frac{3}{12}} = 51.5$②（元）时，市场恢复无套利均衡。

反过来，如果当初双方约定的远期价格为 50.5 元时，又会出现什么情景呢？这时我们会设计另外一套方案：

---

① 支付收益的情况只是比不支付收益的复杂一些而已，并无本质区别，故本书仅以不支付收益资产为例。

② 此处使用连续复利公式，以求更加准确。关于连续复利公式的推导请参考本章附录一。

（1）去市场借入一份 A 资产（前提是可以借得到，并且不收取利息①），将其卖掉，获得 50 元，并马上投资于 3 个月期的国债（无风险资产）；

（2）与他人签订一份 3 个月后以 50.5 元价格买入该资产的远期合约；

（3）3 个月后投资国债的收益为 $50 \times e^{0.05 \times \frac{3}{12}} = 51.5$ 元，同时根据协议以 50.5 元价格买入 A 资产，并将其还给当初的出借方。

于是就会出现这样的结果：$50 \times e^{0.05 \times \frac{3}{12}} - 50.5 = 1$ 元，且过程无风险。因此，这也是一个套利行为。同样地，在市场参与者的广泛参与下套利机会最终消失，指导远期价格等于 $50 \times e^{0.05 \times \frac{3}{12}} = 51.5$ 元时，市场恢复无套利均衡。

总结这个例子可以发现，一项资产的远期价格不是交易双方的意愿，必须符合无套利均衡的市场规律，而且远期价格与即期价格（当前价格）之间存在某种规律：设资产当前价格为 S，远期价格为 F，存续期为 T（以年为单位），无风险年化利率为 r。则有：$F = Se^{rT}$。

在上面这个例题中，$S = 50$，$r = 12\%$，$T = \dfrac{3}{12}$。所以远期价格应为 $F = 50 \times e^{0.03} = 51.5$ 元。

此外，这个例子还验证了前面说过的"套利的基本原理"，即"等式必须得到满足，如被破坏则可做空大的、做多小的。"

当然，不仅远期价格需要满足无套利均衡，任何一种资产的定价都必须满足这个基本均衡，否则就是不成立的。也就是说，从无套利均衡被发现那一刻起，所有有关资产价格（或者价值）的金融学理论都必须在这个框架内建立并验证。

第三节　MM 定理

金融学发展史上，第一个使用无套利均衡来证明其正确性的理论就是著名的 MM 定理。

MM 定理所研究的原本是有关公司财务结构问题的，但因其核心内容讨论的是公司作为一项资产的价值，对金融学体系产生了深远影响，并且结论完全

---

① 其实即使收取利息，下面的方案依然可能收到预期效果，只是过程更复杂一些。因而，为了显见，同时也不影响结论的本质，在此作出不付利息的假设。

颠覆了传统认知，因此，也成为金融学发展史上的一个重要理论。著名金融学家斯蒂芬·罗斯曾经这样形容 MM 定理："MM 定理就像我们探索道路上的一块拦路石，它太大了以至于无法挪动。我们目前的所有研究都只能被解释为'是为了逐渐理解 MM 定理的深刻含义'所做的努力。"[1]

所谓 MM 定理是由三个命题构成的，分别论述了"公司市值与资产结构的关系""股权收益与债券收益之间的关系"和"公司投资决策的原理"。

一、命题 I：公司市值与公司资产结构的关系

在具体介绍这个命题的内容之前，有两个问题需要说明：

第一，为什么要研究"公司市值与资产结构的关系"而不是"公司利润与资产结构的关系"？

早期财务学在研究资产结构时的确是针对后者的，因为经济学始终强调"追求利润最大化是企业的经营目的"。但后来人们发现这种关联存在问题，因为未来企业预期利润在于当前资产结构进行关联时需要取预期值的现值，这就出现了我们在第二章附录一"净现值公式的'对'与'错'"中所提到的"逻辑虽然正确，但操作缺乏依据"的问题。因此，以企业利润为参照无法说明公司资产结构是否合理，而用公司市值则是一种理想的替代。

这种替代的理想性在后来的代理理论中得到了更进一步的发展。代理理论认为，追求利润最大化不一定完全代表所有者利益，更符合早期公司制企业的管理者的利益。对于所有者来说，他的财富不仅体现在每年流入的现金[2]，同样也体现在资产价值的提升，具体说就是手中的股份，或是单位价格提升，或是数量与单位价格同时提升，都是实现财富增值的重要路径。当企业利润与所有者财富增值发生矛盾时，若仍坚持以追求利润为企业目标就有可能损害所有者的利益。一种极端的情况，由于管理者的收入（主要指早期）往往与企业利润直接挂钩，管理者可能为了实现个人利益最大化而不适度地降低成本（或提高价格）来实现利润目标，而"不适度"很可能对企业长期发展（甚至生存）构成威胁，从而损害企业价值和所有者的财富。

以企业市值为企业经营目标则可以解决上述问题。首先，以企业市值变化

---

① 斯蒂芬·罗斯：《新古典金融学》，北京，中国人民大学出版社，2009。

② 请注意：这里所说的每年流入的现金并不一定等于企业的利润，因为管理者很有可能以企业长远发展为理由要求追加资本投入，这可能造成所有者得到的分红低于预期，甚至可能为零。

作为判断企业预期的依据避免了主观判断的片面性，而主观判断在分析企业预期利润现值时是无法回避的；其次，企业市值变化隐含了市场对未来宏观、微观形势的隐含判断，更加全面。因此，以企业市值最大化作为企业经营目标比片面追逐利润最大化更科学、更可靠。这也是金融学对企业管理科学的一项重要贡献。

第二，为什么要研究公司的资产结构？

这个话题还要从早期财务学说起，早期财务学认为，一个公司的资产结构对公司的经营发展是有影响的，进而还发现，一个企业在负债占比（负债与总资产之比）的上升对企业是有好处的。机械地讲，这等于说即使一个公司在其他任何方面都没有积极地提升，只有资产结构发生变化，才会对公司有好处。那么，这种好处究竟是怎么发生的？事情到底是否如此？

其实这种好处非常简单，就是所谓的"税盾效应"，即由于债务增加而产生的缴税的减少，从而减轻企业的税收负担。

▬▬ 例 3 – 4 ▬▬

税盾效应

现在假设有两家一模一样的公司（资产负债表的左栏是相同的），一家有负债，另一家没有。我们把有负债的公司叫 L 公司，把无负债的公司叫 U 公司。假设两家公司的预期年收益都是 1 000 元，L 公司发行了总值为 1 000 元的永续债券①，年利率为 8%，税率为 30%。则两家公司的财务状况对比如下：

表 3 – 1　　　　税收条件下公司财务状况　　　　单位：元

	U 公司	L 公司
息税前利润	1 000	1 000
利息	0	80
应纳税收入	1 000	920
税收（30%）	300	276
净收入	700	644

---

① 所谓永续债券指的是无期限债券，虽然与债券的原始定义有很大出入，看上去更像是股票，但与股票最大的区别在于债券的收益是固定的。

　　从这张表可以看出，U公司由于没有负债，因此要根据全部收益进行纳税，纳税额为300元；而L公司由于要支付80元的利息，因此，它的纳税额就要少，是276元，比U公司减少纳税支出24元。这24元的"好处"就是所谓的税盾效应。

　　但这里面有个问题，享受了税盾效应的L公司在税收支出方面是得到了"好处"，但在净收入方面却少了56元，这岂不是得不偿失吗？你可千万别被这个"假象"给蒙蔽了，其实这里的净收入只是权益收入，还没算债券收入呢。

表3-2　　　　　　　　　　　　税盾效应　　　　　　　　　　单位：元

	U公司	L公司
权益收入	700	644
债券收入	0	80
总收入	700	724

　　由此可以看出税盾效应确实存在。但是对于这种观点的争议一直存在：如果税盾效应存在的话，那是不是负债占比越大越好呢？但这是不可能的，一个显见的道理：如果这个逻辑成立，那么最佳的企业资产结构应该是100%的负债。谁见过这个世界上存在这样一个一分钱自有资本都没有的企业呢？如果有，那这不是你的企业，是人家的，考察的角度就得转换了；而如果转化了角度（站在出资人的立场上），这企业的负债又不可能是100%负债。

　　对于这个问题还有另外一种解释：负债的确可以给企业带来税盾效应，但却忽视了负债给企业带来的另一方面的影响——破产成本。任何举债行为都蕴含着偿债风险，并且这种风险在某种维度上与负债量成正相关关系。偿债风险对企业价值存在负面影响，因此任何举债人要想消除这种影响都必须把偿债风险对冲掉（哪怕只有一部分）。这种对冲本身是要花费成本的，这部分成本一定程度上抵消了税盾效应[①]。

　　也许有的读者会问：既然对冲成本会抵消部分（甚至全部）税盾效应，那何不干脆不对冲了？这确实是一个容易引起循环逻辑的问题，为了不来回饶舌，我们就沿着"不对冲会怎样"这条逻辑线往下推：理论上讲，当一个企

---

　　① 由于对冲成本非常复杂，究竟该如何定价对冲成本需要诸多条件。因此，我们无法泛泛地说偿债风险的对冲成本究竟多大程度上抵消了税盾效应。

业的资产价值小于等于债务价值时，企业就没有继续存在的经济价值了，这时企业可以申请破产保护，一了百了。但实际情况却比理论逻辑复杂得多，最起码，一个企业破产的法律成本是很高的，有时可以高到你"破不起"的程度。

2001年12月，美国能源巨头安然公司因财务危机进入破产程序，但仅仅过了两年多，2004年6月，该公司又回过头来努力挣脱破产结局，并向债权人提出了一系列非常优惠的偿还条件，其中部分原因就在于破产的成本太高了：仅进入破产程序的前30个月，安然花在会计事务、相关咨询、律师等方面的费用就高达6.65亿美元！

实际上，上面这段叙述的逻辑应该倒过来说，正是因为企业破产成本太高，所以才为了避免破产而进行对冲，至少对冲的成本是要小于破产成本的。但即便如此，对冲成本依然不菲，所以，负债的负面效应严重抵消了由其带来的税盾效应。

不过，这种抵消到底达到什么程度，理论界一直没有一个统一的结论。为了使问题简化，更是为了找到问题的本质，20世纪50年代的时候，莫迪利安尼和米勒做了开创性尝试，研究了以资产结构为核心的一系列企业财务问题，并取得了划时代的成果。他们的第一个结论就让人大吃一惊。

MM第一定理：企业的市值与其资产结构无关。

首先必须说明的是，MM定理的这个结论是建立在无税收、无交易摩擦以及个人与公司借贷利率相同等一系列假设基础之上的。

即便有了这些条件（似乎更有利于结论的成立），但仍需证明结论的正确性。MM的证明方法在整个金融学的发展历史上也是划时代的。

他们首先假设有这样两家公司：L公司和U公司，它们除了资产结构外，其他任何一个涉及企业价值、生存、发展的方面都完全相同（尤其预期收益水平，这一点在后面的证明中将得到应用），即这两家公司的市场价值"按理说"应该相等。其中，L公司有负债，而U公司没有负债（资产全部为权益资产）。

如果这两个按理说市场价值应该相等的公司市值不相等，比如L公司的价值大于U公司的价值，即$V_L > V_U$，那会出现什么情况呢？MM的回答是：赶紧套利！具体做法如下。

首先，假设你持有L公司股票价值占其全部股票价值的比例为α（$0 \leq \alpha \leq 1$），那么，你持有L公司股票的收益为

$$Y_L = \alpha(X - D_L r) \tag{3-1}$$

其中，X 为 L 公司的年预期收益，D_L 为 L 公司的负债总额，r 为 L 公司的借债利率。

现在，你将手中持有的 L 公司的股票卖掉（获得价值为 αS_L 的资金，其中 S_L 为 L 公司的股票市值），同时以 r 为利率借入价值为 αD_L 的资金，然后将上述资金（$\alpha S_L + \alpha D_L$）全部投资于 U 公司股票（U 公司股票市值为 S_U），新投资方案的收益为

$$Y_U = \frac{\alpha(S_L + D_L)}{S_U}X - \alpha D_L r \qquad (3-2)$$

因为，$S_L + D_L = V_L$，以及 $S_U = V_U$（U 公司没有负债，其价值即是其权益资产价值）。

所以，式（3-2）可变形为

$$Y_U = \alpha(\frac{V_L}{V_U}X - D_L r) \qquad (3-3)$$

比较式（3-1）和式（3-3），由于 $V_L > V_U$，所以，$Y_U > Y_L$。也就是说，你不必承担任何风险，只需按照上述过程操作即可以获得价值 $Y_U - Y_L > 0$ 的利润，这就是套利利润，上述过程就叫套利过程或套利机会。

假如市场上不仅你发现了这种套利机会，其他投资者也发现了，于是大家就都会进行套利，关于两家公司价值的状态就会是一个动荡状态。显然，这种状态下给出的两家公司的定价是不能被市场接受的，即 $V_L > V_U$ 是错误的。

随着套利者套利活动越来越活跃，L 公司的市值会不断下降，而 U 公司的价值不断提升，最终，当两者价值相等时，套利活动才会消失，市场才会重回均衡，两家公司的定价才会被市场所接受。

上述假设反过来也是一样的，假设 U 公司的市值大于 L 公司，即 $V_U > V_L$。如果出现这种情况，我们的套利方案是：

首先，做空 U 公司股票，价值 αS_U。

然后，将这笔资金分别购买 L 公司的股票和债券，该组合中两种证券的占比分别为：$\frac{S_L}{V_L}$ 和 $\frac{D_L}{V_L}$。如此，新的投资组合的收益为

$$Y_L = \frac{\alpha S_U \frac{S_L}{V_L}}{S_L}(X - D_L r) + \frac{\alpha S_U \frac{D_L}{V_L}}{D_L}D_L r \qquad (3-4)$$

因为，$S_U = V_U$，经整理，式（3-4）可变为

$$Y_L = \alpha \frac{V_U}{V_L} X \tag{3-5}$$

因为 $V_U > V_L$，而原来持有 U 公司股票的收益为

$$Y_U = \alpha X \tag{3-6}$$

对比式 (3-5) 和式 (3-6)，很显然，$Y_L > Y_U$。也即，我们可以不承担任何风险即可获得 $Y_L - Y_U > 0$ 的套利利润。

与前述情况类似，其他投资者也发现了这样的套利机会，于是大家就都来进行套利，关于两家公司价值的状态就会是一个动荡状态。显然，这种状态下给出的两家公司的定价是不能被市场接受的，即 $Y_L > Y_U$ 是错误的。

随着套利者套利活动越来越活跃，U 公司的市值会不断下降，而 L 公司的价值不断提升，最终，当两者价值相等时，套利活动才会消失，市场才会重回均衡，两家公司的定价才会被市场所接受。

━━━ **例 3-5** ━━━

农场主的销售策略

对于上述证明过程，默顿·米勒增给出一个通俗而有趣的类比：

假如某农场主在牛奶销售上有两种策略，策略一是销售全脂牛奶，策略二是从全脂奶中提取奶油单独销售（不考虑提取成本），同时售出剩下的低脂奶。MM 第一定理告诉我们，策略二中提取出的奶油的价值虽然上升了，但剩下的低脂奶的价值却降低了①，于是，策略二的销售价值与策略一依然相等。如果不相等，比如策略二的价值更大，那么套利者就可以买进全脂奶，然后提取奶油并将奶油和剩下的低脂奶售出，即可获得套利利润。其结果是，套利者之间的竞争必将推升全脂奶的价格，或者降低奶油加低脂奶的（总）价格，直至两种策略获得的收益相等。因此，农场主的奶品价格与奶品出售的方式无关。

这段有趣的故事实际上说的就是上述证明过程的第二种情况。

从方法论角度对 MM 第一定理的几点理解

首先，MM 第一定理是金融学历史上第一次将无套利均衡的理念运用在金

---

① 也许当年米勒先生还不知道若干年后低脂奶因热量低而深受减肥人士的喜欢，从而推升了低脂奶的价格，否则，他也许就不会举这个例子了。当然，这是个玩笑话，从举例子的角度看，这个例子的基本逻辑是完全成立的。

融学命题的证明过程中。之后数十年金融理论的发展几乎都离不开这种方法的运用，甚至新古典金融学还将无套利均衡作为金融学基本定理的重要支撑要素之一[①]。即便是那些没有据此理论作为基础的金融学理论或命题也都不可避免地要回过头来在无套利均衡理念中找到精神归宿，比如前面提过的资本资产定价理论等。因此，MM 第一定理实际上在金融学方法论上是一个里程碑式的创举。

其次，MM 第一定理给我们留下的思考推动了两个金融学"后来"学科的发展：公司金融学和金融工程学。

MM 第一定理的结论是在若干假设条件下的数学证明，但结论的可应用性还是受到质疑，一个重要的原因就在于它的前提条件过于苛刻，且与真实世界情况不符，比如"无税收"假设。因此，人们就一直在探索那些非严格限制条件下 MM 第一定理与实际情况的差距，并在这个过程中提出了许多站在公司立场上的命题和思考，很多现代公司金融理论都是在这样的框架下展开并在此过程中形成的。

但作为争论双方的另一方，也有人认为 MM 第一定理虽然条件苛刻，但其结论揭示了作为微观经济主体的公司其价值与其资产结构分离性的本质，因此，意在帮助公司创造价值的研究者几乎从不关注公司的资金来源、融资方式以及资产结构等问题，因为这些东西不能帮助公司创造新的价值。现代金融工程师就是这样一群人，他们有一个座右铭：请不要把眼睛盯在资产负债表的右栏上。现代金融工程理论以 MM 第一定理为基础，发展出许多发现价值以外的价值创造的方法。

二、命题Ⅱ：权益预期收益率与债务收益率之间的关系

也有人认为这个命题解释的是权益预期收益率与负债—权益比之间的关系，不过，这些都是角度问题，其数学表达方式都是一样的。

为了更好地理解这个命题，我们先来了解一个概念：资本化率。所谓资本化率——在没有税收的假设前提下——也就是杠杆公司的加权平均资本成本，或者完全权益公司的资本成本。

如果上述描述对于一些读者过于晦涩，我们也可以从一个数学角度来加以解释：根据永续年金原理，假设公司的存续期为无限长，且年化预期收益不

变，始终是 X，那么，公司的价值即为 $V = \dfrac{X}{\rho}$。这里边的 ρ 就相当于将公司预期收益转化为公司价值的转化率，其实就是上面说的"资本化率"。

有了资本化率这个概念，我们便有：

MM 第二定理：$R_S = \rho + \dfrac{D}{S}(\rho - R_D)$，其中，$R_S$ 为权益成本，R_D 为债务成本，S 和 D 分别代表公司权益与债务。

这个定理的证明十分简单：

因为
$$V = \frac{X}{\rho} \tag{3-7}$$

由于
$$V = S + D \tag{3-8}$$

而
$$X = S \cdot R_S + D \cdot R_D \tag{3-9}$$

将式（3-8）和式（3-9）代入式（3-7），便可得出 MM 第二定理。

关于 MM 第二定理的几点理解：

（一）权益收益与负债收益的关系

仅从直观的数学关系看，如果其他条件不变（ρ、D、S 均不变），权益收益率 R_S 与债务收益率 R_D 确实存在一种"此消彼长"的关系，即 R_D 增加则 R_S 减小，或 R_D 减小则 R_S 增加。于是，有人认为 MM 第二定理说明股权收益率与债券收益率之间存在一种"跷跷板"关系。果真如此吗？

整个 MM 定理体系隐含着一种假设：站在今天的角度，公司未来存续期内的（预期）资本化率是不变的。这个假设也可以理解为"公司未来存续期内的（预期）风险水平是不变的。"这就决定了公司权益收益率（其实就是所有者承担的风险）和债券收益率（就是公司债权人承担的风险）只受一种变量的影响：权益与负债的比例。

权益占比大的时候，债权人承担的风险小，债券收益率就要低，这在第二章"风险溢价"中已经阐述过；反过来，权益占比小的时候，债权人承担的风险就要大，债券收益率相应的也要增加。

分析完这种关系后，现在再回过头来看 MM 第二定理 $R_S = \rho + \dfrac{D}{S}(\rho - R_D)$，我们就会发现，权益收益率与债务收益率的关系比直观的数学解析表达式要复杂得多。因为，R_D 的减小不一定带来 R_S 增加。理由是在 ρ 不变的前提下，R_D 的减小必然是 $\dfrac{D}{S}$ 减小的结果。这样一来，$\rho - R_D$ 虽然增大了，但与其相

乘的 $\dfrac{D}{S}$ 却减小了，怎能确定两者相乘增大，进而使得 R_S 增大呢？情况反过来也是一样。

因此，在理解 MM 第二定理的时候，千万不能机械地从其数学解析式表面来理解权益收益率和负债收益率之间的关系！此二者绝不是"跷跷板"关系！

（二）负债/权益比的上升是否意味着公司整体风险的上升？

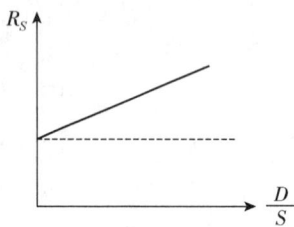

大多数教科书在分析 MM 第二定理时都要分析权益收益率与负债/权益比的关系，这一点比较容易理解，因为直观地观察该定理的数学解析式就可以看出：权益收益率 R_S 与负债/权益比 $\dfrac{D}{S}$ 呈线性关系，且斜率为 $\rho - R_D$（见图 3 – 1）。

图 3 – 1 中实斜线代表的就是权益收益率与负债/权益比之间的关系。

图 3 – 1　权益收益率与负债/权益比之间的关系

但是，在这个比较直观的结论背后却隐藏着一个比较容易让人误解的问题，这个问题很多时候都被忽略了，这就是负债/权益比如果上升是否意味着公司整体风险水平提高了呢？

对这个问题的错误认识到了 20 世纪 80 年代"杠杆赎买"[①] 被广泛指责时达到一个高峰，而且这种指责在当时几乎无须说明。然而，事实果真如此显而易见且有理有据吗？

1990 年，MM 定理的发明人之一默顿·米勒因 MM 定理的伟大成就获得诺贝尔经济学奖，他在颁奖仪式的讲演中专门就这一问题进行了精彩的讲述。

---

① 一个简单的例子可以帮助读者理解所谓的杠杆赎买：假如你是一家公司的经理人（而非所有者），但你对公司发展的决策必须在得到所有者认可的前提下才能实施。然而，公司的所有者是一群无知者（当然是你这么认为的），因为他们总是错失后来被证明是正确的发展策略。于是，你下定决心把这家企业买下来，以便你自己说了算。但苦于囊中羞涩，收购计划无从实施。这时有一家（或几家）投资银行愿意为你提供帮助，它们为你发行垃圾债（垃圾债指的是预期收益率过高的债券），这样短时间内可以帮助你募集大量资金，你可以拿着这些资金向公司外部（或内部）股东发起收购，一旦达到一定比例，于是你就拥有了这家企业的决策权，可以顺利地实施你的发展计划了。这种通过高收益率债券募集资金收购公司的做法就是典型的杠杆赎买，据说杠杆赎买的最早动因就如这个例子所说的。

━━ **例 3 - 6** ━━

默顿·米勒的精彩 "辩论"

在这场演讲中，米勒以他特有的通俗方式为我们设计了一场精彩的 "辩论"。

想象一下，作为一名令人尊敬的金融学教授，你正在和一位头发灰白的公司财务总监进行一场对话，这位总监与其他绝大多数同行一样，认为财务杠杆①的提高将提高公司风险的整体水平。"你得承认，教授，"他很可能这样开始，"提高公司资产结构中的杠杆比率会使余下的股本承担更多的风险。对不对?"你说："对。"

例如一家负债/权益比为 1 的公司，其全部资产的收益率②为 20%，在向拥有最先索取权的债券持有人支付 10% 的收益后，公司的股东就可以得到 30% 的收益率③。如果全部资产收益率降至 15%（下降了 25%），那么股权收益率将下降至 20%（下降了 33.33%）。这也正是我们用 "杠杆" 一次的原因所在。正像我在这里的同伴——哈里·马科维茨和威廉·夏普④——所说的那样，在使用财务杠杆的公司里，预期收益率的可变性越高，意味着该公司股东承担的风险越大。

那名财务总监继续发问："还有，教授，进入资产结构的任何债务，其风险肯定只增不减。这些新增的债务与先前存在的其他债务相比，其信用等级只可能更低，利率更高，对不对?""对。"你再次同意，理由和前面一样。毫无疑问，债权人的偿付顺序上的排名越靠后，其索取权承担的风险就越高。

现在，这位财务总监要发起最后一击了："杠杆运营增大了股本风险，也增大了债权风险。如此，它就会提高公司整体风险水平，对不对?"

"不对!"你斩钉截铁地说，并用 MM 定理发起反击。

在一家公司的资产结构中，杠杆比率的高或低只能起到在该公司各类证券持有者之间重新分配这种风险的作用。可以考虑这样一个案例：假如

---

① 就是我们正在讨论的 "负债/权益比"。
② 就是 MM 第二定理中的资本化率 ρ。
③ 根据 MM 第二定理的数学关系很容易算出来。
④ 此二人与米勒一起分享了 1990 年诺贝尔经济学奖。

一家公司共有 10 名证券持有者，其中 5 人持有该公司的债券，另外 5 人持有彼此数量相同的股票。再假设这些债券的利息没有任何风险①，该公司的全部风险由 5 名股东承担。当然，这些股东获得的收益比那些无风险的债券要高。现在，其中的 2 名股东意识到自己承担的风险超出了他们所能承受的水平，提出要将自己持有的股票转换为债券。但他们也知道，这些新债券的利息是有风险的。为了不影响之前债权人的索取权，新债券在偿付必须排在既有债券的后面。所以，2 名新债券持有人要求他们的收益水平要高于之前的无风险债券，但比原来持有的风险更高的股票收益水平要低。

这样一来，7 名债券持有者的平均风险和平均预期收益率都会出现上升。与此同时，现有的 3 名股东所承担的风险也相应地增大（因为那 2 名转化为债券持有者的原股东拥有优先于现有 3 名股东的索取权），因此他们的预期收益水平也随之提高。

现在，这两类资产所承担的（平均）风险都高于原有水平，但总的风险水平却与资产结构调整前的水平一样，因为剩下 3 名股东新增风险恰好是那 2 名"次级债"持有者（原股东）所减少的。

结合上述讲演，米勒先生给 MM 定理赋予了一个新的含义：金融学（风险）守恒定律。

实际上，这里面还隐藏着另外一个道理：一个企业的风险取决于其获得全部预期收益所承担的风险。正是这两者之间的关系决定了一个企业的市场价值，这也是 MM 第一定理的基石［式（3－7）］。从这个意义上讲，MM 第一定理和第二定理的基础是完全一致的。

三、命题Ⅲ：投资决策与融资成本的关系

作为 MM 定理的创始人之一，米勒先生在接受记者采访时曾用"一张比萨饼无论你怎样切还是一张比萨饼"来通俗地解释企业的市值与其资产结构的分离性，这也正是 MM 定理的最核心思想。实际上，前面的 MM 第一定理和第二定理都是一张比萨的理论。

作为问题的延伸，另一个问题会与一张比萨的问题一起提出来，那就是：

---

① 这显然是为了说明问题而进行的特殊假设，因为只有国债才有无风险利率。

现有的比萨可以做大吗？显然，MM 第一定理和第二定理都没有回答这个问题，但 MM 在他们的第三个命题中对这个问题给出了答案。

按照一般想象，你只要能够融得资金投资到一个新的项目上，就相当于在原来的比萨外边又加上一块比萨，只要你的融资成本不大于新加上的这块比萨给你带来的收益，那就等于完成了把比萨做大的工作。

然而，MM 的结论再次让我们感到意外，经过论证他们发现，要想做大比萨，购买新增比萨的决策与为了购买这块比萨所付出的融资成本没有关系！

MM 第三定理：公司的投资决策与融资成本无关。

在证明这个定理之前，我们还需要把刚刚这个问题再明确一下。其实，做大比萨本身并不是目的，只有当做大比萨的时候原来比萨的所有者可以分得比原来所得更多时，这种做大才有意义。否则，正如某种极端情况，比萨是做大了，可所有者所得却比原来还小了，那我们干嘛要做大[①]？

因此，分析一个公司投资决策"对还是错"的一个前提是：所有者的利益是否得到满足。而衡量所有者利益的最简单办法是所有者权益价值是否增加。

有了这个前提，现在我们假设一家公司（关于这家公司的所有情况与前面阐述第一、第二定理时完全相同）打算投资一个新项目，新项目的预期收益率为 ρ^*，所需投资总额为 I。我们将投资前公司状态设为初始状态，均以脚标 0 来标记。

现在，我们考虑负债融资方式。如果投资此项目的话，投资后公司的市场价值将变为

$$V_1 = \frac{X + I\rho^*}{\rho} = V_0 + I\frac{\rho^*}{\rho} \qquad (3-10)$$

显然，$V_1 > V_0$，比萨做大了。但正如刚刚说过，问题的关键是所有者权益价值将会发生什么变化。

因为 $\qquad\qquad S_1 = V_1 - D_1 = V_1 - (D_0 + I) \qquad\qquad (3-11)$

将式（3-10）代入式（3-11）可得

$$S_1 = V_0 + I\frac{\rho^*}{\rho} - D_0 - I = S_0 + I(\frac{\rho^*}{\rho} - 1) \qquad (3-12)$$

观察式（3-12），不难发现：

---

① 这是基于微观经济个体追逐个体利益最大化假设得出的结论。

（1）当 $\rho^* \geqslant \rho$ 时，$S_1 > S_0$，即所有者权益价值增加了（或不变）；

（2）当 $\rho^* < \rho$ 时，$S_1 < S_0$，即所有者权益价值减少了。

由此，我们得出这样的结论：

当第（1）种情况出现时，该项目可以投资；当第（2）种情况出现时，项目不可投资。

问题到这里似乎已经得到解决了，但不知读者注意到没有，我们在证明最终结论的过程中始终没有提及融资成本。因此，我们在得出投资决策结论的同时，也得出了另外一个——但是非常重要的结论：投资决策与融资成本无关。

这是一个很难让人接受的结论，下面我们将用两个案例来说明结论的正确性。

━━━ **例 3 - 7** ━━━

融资成本低就能投资吗？

这是一个虚拟案例，目的在于通过简单的数学运算来证明投资决策与融资成本之间的关系。

假设有一家公司，预期收益为 1 000 元，资本化率为 10%，于是这家公司当前的市场价值为 10 000 元。为了使问题简洁明了，我们再假设这家公司没有财务杠杆，即所有资产均由股权构成。如此，当前权益资产价值就是 10 000 元。

现在公司有一个投资机会，投资某项目，该项目投资总额为 100 元，预期收益水平为 8%，现有一家银行愿意提供 4% 年化利率的贷款，该公司是否应该投资该项目呢？

按照一般想法，投资回报率是 8%，融资成本是 4%，收益大于成本，当然可以投资[①]。

但实际情况却不是这样的。现在让我们看看如果该公司投资这个项目会发生什么情况：首先是公司市值发生了变化，新的价值为

$$\frac{1\,000 + 100 \times 8\%}{10\%} = 10\,080 \text{ 元}$$

比萨做大了。但是所有者权益价值却变为

$10\,080 - 100 = 9\,800$ 元，比原来的 10 000 元减少了 200 元！请问所有者凭

---

① 你要小心了，你又一次受到了经济学思想的影响。接下来发生的事会再次证明本书第一章阐述过的观点。

什么同意这样的投资计划呢？

和前面的证明过程一样，在这个案例的分析过程中还是用不到融资成本这个量，也就是说，这个案例还是在间接地证明投资决策与融资成本的无关性。这不是你接不接受的问题，而是不接受就要出大问题的。

例 3 - 8

东南亚金融危机与 MM 定理

1997 年发生在东南亚的金融危机是 20 世纪后半叶一场区域性，乃至全球性的金融灾难，其结果不仅吞噬了当时亚洲经济的中坚力量——"亚洲四小龙"（四小龙后来几乎一蹶不振，直至今日），甚至还波及世界经济大国——中国和日本。而东南亚发展中国家——自不必说——几乎因这场危机而濒临经济崩溃。

回顾这场危机，人们更多的是站在道德的高地上把指责的目光投向了这场危机的始作俑者——索罗斯和他的量子基金，但却很少有人真正关注这场危机的内在逻辑以及东南亚国家面对危机时的错误举措。

让我们先来分析一下这场危机发生的背景。整个 20 世纪八九十年代，东南亚国家（主要指泰国、马来西亚、印度尼西亚、菲律宾等）经济发展模式高度相似，经济发展的主要驱动力来自对外贸易，而且国内产业结构比较单一，主要集中在旅游、农产品、手工制品等。为了保持对外贸易的顺差，这些国家普遍采取了盯住式汇率制，即固定本国货币与主要国际货币（比如美元）的汇率，一方面（在某些条件下）可以刺激出口、抑制进口，另一方面也可以是本国的外汇收入相对稳定。

但是，盯住式汇率制有一个先天的缺点，就是不接受汇率的市场定价以及汇率的内在决定因素，一旦定死的汇率与本国经济发展水平出现分离状况时，就给市场投机者带来套利机会。而索罗斯的量子基金在这场危机中所发动的对东南亚国家货币的"攻击"就是建立在这个逻辑基础之上的。

这场"攻击"的过程主要有这样几个环节：首先，投机者以一定数量的美元作质押，向某东南亚国家商业银行借贷，借入该国货币（为了下面说明起来方便，在这里我们仅以泰国为例），比如借入泰铢；然后将所借的泰铢抛售出去，换回美元；然后再拿着美元去做质押借入泰铢，再将泰铢抛售出去换回美元……周而复始。其目的十分明确：最终投机者手中的资产都是美元资产，而债务均为泰铢债务，一旦市场最终认可"泰国经济不足以支撑泰铢/美元汇率，进而低估泰铢"，那么，投机者的资产就会升值，而债务贬值，从而实现套利利润。

再让我们来看看东南亚这些国家是如何应对投机者的套利行为的呢？还是以泰国为例，泰国中央银行的应对措施是：提高泰铢贷款利率。根据经济学原理，只有边际收益大于等于边际成本时，行为才是理性的。现在提高泰铢利率，就等于提高了投机者的边际成本，如果这个边际成本能够大于其投机行为的边际收益的话，那不就可以抑制投机行为了吗？

在泰国中央银行采取制约措施后，以索罗斯为代表的投机者并没有停止套利工作，依然继续。于是，泰国央行便不断重复上述措施，寄望通过加大力度来结束这场有组织的大规模套利。

正如后来发生的，投机者笑到了最后，而采取类似泰国央行政策的东南亚国家最终都成了这场危机的受害者：本币几乎崩盘，经济濒临崩溃，国家经济发展出现严重倒退。

总结这场危机的教训，据说米勒先生曾经讲过这样一番话，他说当套利威胁到东南亚国家时，可惜当时这些国家的中央银行行长们都是毕业于哈佛大学经济学专业的学生[1]，如果他们是毕业于芝加哥大学的，并且听过我给他们讲的 MM 定理的话，也许他们就不会犯那么愚蠢的错误了。我相信米勒先生所说的一定是 MM 第三定理：投资决策与融资成本无关！

实际上，东南亚国家央行所采取的政策不仅没有动摇投机者的决心，反而对投机者的投机行为起到推波助澜的作用。其原理是：当一个国家央行不断上调利率的时候，它实际上给了市场一个本币资产预期收益率上升的预期，实际上就是本币贬值的预期，这不恰恰符合投资者的预判了吗？如果说，理论是苍白的话，血淋淋的事实总该让人觉醒了吧？

除了解释投资决策与融资成本的关系外，MM 第三定理在证明过程中还纠正了另外一个与投资有关的错误认识：增股融资必然稀释股价。

所有假设与前相同，假设公司当前股价为 P_0，全部股票数量为 N 股，则有：

---

[1] 究竟是否如此，实在有待考证，但对于一向讲话幽默且不羁的米勒来说，你就权当个笑话听听就是了。但笑过之后，我真心希望你能冷静地思考这背后令人心痛的教训。

$$N = \frac{S_0}{P_0} \qquad (3-13)$$

现在，公司决定通过增股融资方式解决新上项目的投资所需，计划增发 M 股，则有：

$$M = \frac{I}{P_0} \qquad (3-14)$$

增股后公司股权价值变为

$$S_1 = \frac{X + I\rho^*}{\rho} - D_0 = S_0 + I\frac{\rho^*}{\rho} \qquad (3-15)$$

根据式（3-13）、（3-14）和（3-15），有：

$$P_1 = \frac{S_1}{M+N} = \frac{1}{M+N}(NP_0 + I\frac{\rho^*}{\rho})$$

$$= \frac{1}{M+N}\Big[(M+N)P_0 + I(\frac{\rho^*}{\rho} - 1)\Big]$$

$$= P_0 + \frac{1}{M+N}I(\frac{\rho^*}{\rho} - 1) \qquad (3-16)$$

从式（3-16）中不难看出，当且仅当 $\rho^* < \rho$ 时，增发后的股价才会比原股价低，而当 $\rho^* \geqslant \rho$ 时，增股对于原股东都是有利的，因为股价上涨了。

附录一：能言幽默的米勒

MM 定理的创造者之一——默顿·米勒——在学术界以能言幽默著称，人们最早领教米勒的语言功力大多是从一次电视采访中米勒对 MM 定理的精彩讲解中获得的。1985 年，米勒的学术伙伴莫迪利安尼先生获得了诺贝尔经济学奖，尽管在莫迪利安尼的获奖成就中，MM 定理并不是主要成分，但芝加哥一家电视台还是找到米勒，希望他能在 10 秒钟内用最通俗的语言介绍一下他与莫迪利安尼共同发现的 MM 定理的主要内容。

"要我用 10 秒钟解释毕生的工作？"米勒简直不敢相信自己的耳朵！但记者却很淡定："不必详细，挑主要的说就行。"挑主要的说？要知道米勒当初与莫迪利安尼是经过怎样的深思熟虑才提出了这个挑战传统认知的命题。但米勒很快就冷静下来，转而把围绕着公司资产结构与市值之间的关系通俗地描述成一个农场主出售牛奶的故事：

假如某农场主在牛奶销售上有两种策略：一种是销售全脂牛奶，另一种是从全脂奶中提取奶油单独销售（不考虑提取成本），同时售出剩下的低脂奶。第二种策略虽然提取出的奶油的价值上升了，但剩下的低脂奶的价值却降低了，于是，策略二的销售价值与策略一依然相等。如果不相等，比如策略二的价值更大，那么套利者就可以买进全脂奶，然后提取奶油并将奶油和剩下的低脂奶售出，即可获得套利利润。其结果是，套利者之间的竞争必将推升全脂奶的价格，或者降低奶油加低脂奶的（总）价格，直至两种策略获得的收益相等。因此，农场主的奶品价格与奶品出售的方式无关。

应该说，能把 MM 第一定理说得这么通俗易懂已经很不容易了，仅凭这段精彩的描述我们已经可以从米勒机敏的思维和高超的语言表述得到满足了。但没想到，电视台不买账，前来采访的几个人面面相觑，最后告诉米勒这段描述太长，能不能再简洁些。

还不够简洁？米勒几乎快无语了，但此刻，他的机敏与口才似乎一下子被激发出来了，"想象一张比萨（公司的资产），"米勒提高了声调，"无论你怎样切（资产结构），它始终是一张比萨（公司的市值）。"这简直是对 MM 第一定理最富智慧的比喻了，从此以后，比萨的故事就成了学界每当提到 MM 定理时几乎必提的噱头。但据说，当时的电视记者们并没有理解，他们默默地关上采访用灯，留下句"回头再联系"，便离开了。

站在专业的角度，我们只能说这些电视记者太业余了。但这件事对米勒却留下一点遗憾，他意识到能把复杂专业的知识转化成大众可以理解的故事确实不是一件容易的事。我们没有证据证明米勒自此之后做了什么改变，但他后来的很多讲演都在通俗和幽默方面确实给人留下深刻印象。

20 世纪 80 年代末至 90 年代初，日美贸易摩擦不断，很多美国政客摆出一副吃亏的样子对日本横加指责，并把本国的失业问题也算了贸易逆差的头上[1]。很多经济学家也站出来从理论上对这些观点进行支持。

但米勒不这么看，他始终坚信所谓的"贸易战"不过是政客们的一种转移视线与矛盾的手段而已。1994 年，他在一次讲演中就对所谓的贸易逆差作了这样的诠释，他说："每当我的日本朋友在我面前炫耀他们对美贸易的成果时，我就会取笑他们，说我们美国人实际上在跟你们开一个残忍的玩笑，我们指挥你们给我们送来千辛万苦生产出来的汽车、照相机和机床。而我们又给们什么了呢？只不过是乔治·华盛顿的头像。"

---

[1] 其实中国也一直面对同样的问题。

这段不足百字的描述，表面上通俗平淡，但其背后却是极为深刻的国际金融体系本质，可以说是从本质上撕下了美国某些政客与某些学者或虚伪或无知的面具，揭示了美元主导的国际货币秩序以及所有与美元贸易的实质问题。仅这一段话的分量就足可抵过10本专著了！

但米勒的幽默也有"没溜"的时候，据说有一次他去德国慕尼黑参加学术活动，走出宾馆时竟鬼使神差地被当地一家军事院校的车接走，当米勒步入满是身着军装的听众的会场时，竟然径直走向话筒前，发表了有可能是他一生最短的一次讲演："先生们，今晚我们进攻波兰。"

附录二：金融学界的黄金搭档——莫迪利安尼与米勒

金融学界有过不少学术搭档，他们因共同的问题和理想走到一起，并取得非凡成就，但像莫迪利安尼和米勒这样的"黄金搭档"却也不算多见。

莫迪利安尼出生在意大利，第二次世界大战之前一直都在设法躲避反犹太主义的指控。1939年8月28日，经过精心计划，莫迪利安尼携新婚妻子逃亡到美国，三天后，第二次世界大战爆发。

在意大利期间，莫迪利安尼就是一个优秀的学生，到达美国后，他继续深造，并于1941年在社会研究新学院（New School for Social Research）获得博士学位。求学期间，他在岳父开的一家销售意大利文图书的书店里打工赚取学费。有一种说法，认为莫迪利安尼为岳父书店打工的经历（主要是为岳父批发图书）培养了他在套利方面的直觉。

拿到博士学位后，莫迪利安尼曾先后任教于新泽西女子学院、巴德学院和芝加哥大学等。此间甚至试探着要去哈佛大学任教，但由于经济系主任伯班克的错误而又傲慢的态度，使得莫迪利安尼放弃了争取的可能，回到新学院任教。

1952年，莫迪利安尼搬到匹兹堡，进入卡内基工学院任职。正是在这里，他结识了他一生中最重要的伙伴——默顿·米勒。

米勒比莫迪利安尼小5岁，到卡内基工学院任职的时间也比莫迪利安尼晚了一年。最初他在这里讲授经济史和财政学。1956年，院长巴赫找到米勒，问他是否愿意讲授企业财务课程。当时的经济学者们对财务分析管理之类的课程非常不屑，米勒未能免俗，也认为企业财务这类课程没有经济学那样高大上，因而试图婉言谢绝。但巴赫院长非常善于"思想政治工作"，他指着天花板对米勒说，教企业财务的薪水这么高。又指了指地板说，经济学的薪水这么高。当时米勒刚刚迎来第二个孩子的出生，经济上还真有点问题，于是他又一次没能免俗，答应了这份新工作。

但当时米勒对企业财务几乎一无所知，巴赫院长建议米勒先上几门初级的财务课程，同时指派两位资深教授关注米勒的进展，这两位资深教授之一就是莫迪利安尼。

随着对企业财务了解越深，米勒发现一个问题，那就是投资人如何为最合适的投资组合选择资产。与马科维茨、托宾、夏普等人不同的是，米勒从另一个角度来考虑这个问题，即"公司应该卖出哪些证券，以达到债务和股东权益的最佳均衡点。"他希望把企业财务这门学问从会计师和华尔街银行家的直觉经验中抽象出来，然后以严格的理论体系加以解释和解决。

于是，他带着自己的研究生开始着手研究，试图从一系列的统计数据中发现点什么，或者找出想象中的最佳资产结构。但令他失望的是，不管他们怎么努力，就是找不到答案。这让米勒的研究一度陷入僵局。

几乎与此同时，莫迪利安尼正从另一个角度对企业的投资决策进行研究，他研究的是企业的资金成本与投资决策之间的关系。但在研究中，莫迪利安尼开始注意另一个问题，就是企业的资产结构问题，并且越来越意识到一个企业的价值好像与它的资产结构没什么关系。但他并不确定是否如此，这个问题就一直萦绕在莫迪利安尼的脑海里。直到1956年春，一个偶然的机会让两位后来叱咤学界的伟大人物走到一起，问题便最终有了答案。

在莫迪利安尼一次授课过程中，他突然想到了那个让他耿耿于怀的问题，并试着用数学方法描述问题的实质，恰好米勒在场，就在那一瞬间，米勒仿佛看到困扰自己问题的解决路径。他主动找到莫迪利安尼，并把自己的实证结果全盘托出。莫迪利安尼也很激动，他相信自己的看法与米勒的结论高度一致。于是，两人决定共同研究这一问题。不久以后，两人便联合发表了那篇著名的《资金成本、企业财务和投资理论》的论文，引起学界轰动。

说到这篇论文的发表，还有几则有趣的小花絮。

首先，这是《美国经济评论》（*The American Economic Review*）最早刊载的联名论文之一，之前这种情况虽然屡见不鲜，但在这么高水平的杂志上还是第一次。

其次，这篇文章的原文很长，杂志总编直接动手删除了文章中与宏观经济相关的部分，只保留了与企业直接相关的部分。

另外，这篇文章给杂志社出了个难题，因为之前很少有人在经济类文章中使用那么多数学符号（尽管在今天看来这篇文章的数学部分真的很简单），以至于印刷厂没法印刷。最后还是莫迪利安尼和米勒自己掏钱铸字（那时还是铅印技术），才保证了文章的顺利刊出。

这篇文章发表两年后，米勒到了芝加哥大学，取得了终身教职。莫迪利安尼于 1960 年离开卡内基，转到麻省理工学院任职。工作岗位虽然分开了，但两人的合作继续如初。1961 年 10 月，两人发文探讨 MM 定理与公司股利政策之间的关系；1966 年 6 月，《美国经济评论》又发表了他俩关于公用事业资金成本的实证研究。

在回忆当初的合作时，米勒曾经这样评价莫迪利安尼："他拥有套利者和意大利外汇投机者的心智，并总能用这些理念来考虑问题。"

第四章　资产定价的一般规律

第三章我们学习了金融学体系中最重要的一种均衡态——无套利均衡，了解了无套利均衡对资产定价的意义，并以不支付收益的远期定价为例说明了这种意义如何在定价结果中得以体现。但是，这个本应该是推算的过程更像是事后检验，因为说明的过程隐含着说明者已经知道结果应该是什么。因此，读者当然想知道究竟该如何在无套利均衡基础上展开资产定价的解题过程，而不仅仅是事后检验。

本章就是要介绍资产定价的一般逻辑和思想范式，并在解决问题的过程中探索资产定价思想范式的一般规律。

第一节　金融学基本定理

在我们具体介绍资产定价的一般逻辑之前，有必要首先介绍一下无套利与资产定价之间的关系。这个问题似乎在第三章中已经学习过，但不够系统，而且与实际应用也存在差距。

首先，第三章中有关资产定价与无套利之间关系的介绍仅局限于一种资产在一种支付形态下的情况，理论上还不足以说明所有风险资产定价与无套利之间的等价关系。

其次，由于没能以所有风险资产为集合来研究其与资产定价规则集合之间的关系，因此，也就无法触及资产定价一般逻辑与规律。

一、金融学基本定理——无套利定理

这是现代金融学理论发展出来的一项重要成果，也是整个现代金融学理论今后深入发展的基石。其核心内容就是解释资产定价与无套利之间的一般关系。

金融学基本定理①：金融市场上不存在套利机会的充要条件是存在一个能对所有资产定价的正的线性定价规则。

要理解这个定理首先得弄明白什么是定价规则，并且还要明白为什么这个规则必须是正的、线性的。

所谓定价规则，实际上就是一种函数关系，是证券未来收益与当前价格之间的一种"映射"。如果这样的描述过于抽象，你不妨回想一下净现值公式②：$NPV = \sum_{i=1}^{n} \frac{X_i}{(1+r)^i}$。你可以把公式中的 NPV 想象成一只证券当前的价格，而 X_i 就是该证券在特定状态下未来的支付，于是，那个所谓的定价规则其实就是这里面的函数关系 $f = \sum_{i=1}^{n} \frac{1}{(1+r)^i}$。也就是说，该证券当前价格是根据其与未来支付之间的这种映射关系得出来的，于是，这种映射关系就是这只证券的定价规则。

但是很显然，不只这只证券有这样的定价规则，所有的证券都有类似的定价规则，于是，我们下面的讨论是把所有类似证券的定价规则放在一起作为一个集合来讨论的，这个集合就是定价规则集。

由于资产的价格必须是正的，因此，资产价格与未来收益之间的映射也必须是正的③，即定价规则必须是正的。

至于这个定价规则是线性的，其实可以这样理解：假如存在这样一种定价规则 $f(\cdot)$，对于任意实数 a,b，以及具有（未来某种状态下）x,y 和 $z = ax + by$ 三种支付的三只证券，有 $f(ax + by) = af(x) + bf(y)$，我们就称 $f(\cdot)$ 为线性的。

弄清楚了"正的线性定价规则"的基本含义后，我们再来看看"所有资产都存在一个正的线性定价规则"与"无套利"之间是一种怎样的关系。

首先，"无套利"与"正的定价规则"之间是一种等价关系。

---

① 也称"资产定价基本定理"。考虑到金融活动的最根本核心就是资产交易，而资产交易的最根本要素就是资产定价。因此，两种叫法的核心内容是一致的。

② 这样的做法也许不符合规范的要求，但对于理解问题很有帮助。这也算本书为读者奉献的非规范的方法论吧。

③ 有些读者可能会想到同一状态下相同的未来支付的现值不一定是一样的，道理很简单，因为风险不一样，这会不会出现负的映射呢？肯定不会，首先，相同支付而现值小只是因为折现因子小了，但再小的折现因子也只能是非常小的正数，不能为负；其次，一旦折现因子为负，就意味着你送给别人一只未来你要向人家支付的证券，还要倒找人家一笔钱，这是不现实的。

　　根据我们先前介绍过的套利的三种形式，如果存在一个负的定价规则，那就意味着你什么都不要付出，即期索取一只这样的证券，同时还能获得一个正的支付；而等到到期时，你所持有的证券还会再向你支付一个正的支付，而此间你什么都不用付出，却在证券的两个时点上都能获得正的支付，这就是典型的第三类套利。

　　当然，如果定价规则永远为0，那就意味着持有这种证券在未来到期时刻可以获得一个正的支付，而即期什么都不应付出。这是典型的第二类套利。

　　所以我们的结论是，定价规则如果非正，就是套利机会。

　　其次，"无套利"与"证券定价规则为线性"也是一种等价关系。

　　这一点其实并不难理解，在现实的证券市场上，如果这个规则不能得到满足，即 $f(ax + by) > af(x) + bf(y)$，或者 $f(ax + by) < af(x) + bf(y)$，都是套利机会：如果是前面那个不等式出现，那就意味着构造一个"由 a 只第一种证券和 b 只第二种证券组成的投资组合"成本高于分别投资于" a 只第一种证券和 b 只第二种证券"的成本，于是你可以通过做多" a 只第一种证券和 b 只第二种证券"，同时做空"由 a 只第一种证券和 b 只第二种证券组成的投资组合"来实现套利，如图4-1所示：

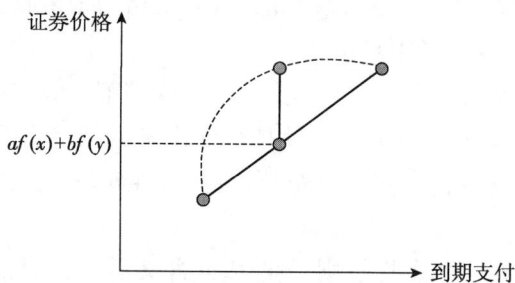

图4-1　套利消失过程

　　另外一种情况也类似，只是套利方向恰好相反。

　　由此，我们也可以这样理解金融学基本定理：**金融市场上"不存在套利机会"与"存在一个能对所有资产定价的正的线性定价规则"是等价的两个命题。**

二、关于金融学基本定理的引申理解

　　金融学基本定理是解释、揭示金融学最核心的问题——资产定价的本质规律，是深入研究资产定价问题的逻辑原点。这个定理包含了两个重要的思想：

（一）找不到"一个能对所有资产定价的正的线性定价规则"时，就一定存在套利机会

═══ **例 4 – 1** ═══

套利机会[1]

我们仍以例 3 – 1 中的三只证券为例，假如市场上有这样三只证券 A、B 和 C，它们当前的价格及未来的支付情况为

$$A: 1 \begin{array}{c} \ulcorner 1 \\ + 1 \\ \llcorner 1 \end{array} \qquad B: 1 \begin{array}{c} \ulcorner 0 \\ + 2 \\ \llcorner 2 \end{array} \qquad C: 2 \begin{array}{c} \ulcorner 2 \\ + 0 \\ \llcorner 0 \end{array}$$

左边为当前价格，即三只证券当前的价格分别为 1，1，2；右边为未来的三种支付情况。

我们假设一个定价向量 $\Phi = \begin{pmatrix} \varphi_1 \\ \varphi_2 \\ \varphi_3 \end{pmatrix}$，对于 A 证券来说，$1 = \varphi_1 + \varphi_2 +$

φ_3。很显然，对于证券 A，Φ 是一个正的线性定价规则，也就是说当我们只考虑 A 证券时，市场上没有套利机会[2]。

现在我们把 B 证券引入，对于 B 证券来说，$1 = 2\varphi_2 + 2\varphi_3$。同样地，$\Phi$ 对于证券 B 也是一个正的线性定价规则，单独考虑 B 时也没有套利机会。

现在让我们把 A、B 这两只证券放在一起考虑，是否还存在一个能够同时满足两只证券的正的线性定价规则呢？答案是肯定的：存在。即对于 A、B 两只证券来说，存在 $\{\varphi_1 = \dfrac{1}{2}, \varphi_2 + \varphi_3 = \dfrac{1}{2}\}$ 的交集，也就是说，Φ 对于 A、B 这两只证券来说依然是一个正的线性定价规则。所以，当我们考虑 A、B 两只证券时不存在套利机会，这与我们在例 3 – 1 中得出的结论并不矛盾，因为我们当时找到的三种套利不包括仅用 A、B 组合进行套利的。

现在我们再把 C 证券引入，对于 C 来说，$2 = 2\varphi_1$，同样说明 Φ 对于

---

[1]　这段内容需要一点线性代数的基本知识，但如果读者不具备这样的基础也没关系，其中的运算依然简单易懂，你只需要有信心就一定能读懂。

[2]　这是一个简单的常识，对于同一资产，在同一时点、同一地点，只能有一个价格，当然不存在套利问题。

证券 C 也是一个正的线性定价规则，单独考虑 C 没有套利机会。

那么，如果把 A、B、C 三只证券放在一起考虑，会是个什么结果呢？首先我们发现：这三只证券的定价规则没有交集，也即，对于 A、B、C 三只证券来说，不存在一个正的线性定价规则。根据金融学基本定理，此时就应该存在套利机会。这个结果与我们在例 3－1 中的结论是一致的，在例 3－1 中，我们已经证明 2A－B－C 可以实现第一类套利。

这个例子所得出的结论与我们之前介绍过的"套利机会与等式之间的关系"是一致的，是先前例子的补充。只不过，例 4－1 的推导更具普遍意义和一般意义，是发现套利机会的一般准则。

（二）只要不存在套利机会，资产定价就一定是合理的、可接受的

我们不妨用一个虚拟案例来说明这个结论。

═══ **例 4－2** ═══

彩票的价格

假如 3 个月后巴西男足与德国男足要在德国进行一场国际足联 A 级赛，某好赌的亿万富翁来到博彩公司，要与博彩公司老板单独来一场赌博：赌资为一亿美元，考虑到两支球队近期表现、世界排名以及主客场因素，市场普遍认为德国队获胜的把握为六成，而巴西只有四成（假设这场比赛必须分出胜负）。因此亿万富翁愿意出 6 000 万美元赌注赌德国队赢，也就是说，如果德国获胜，亿万富翁将获得全部一亿美元赌资（包括亿万富翁自己的 6 000 万美元赌注），如果德国队输了，则亿万富翁的 6 000 万美元归博彩公司老板。

这是一个合理的赌局，问题是博彩公司的全部资产少于 4 000 万美元，仅凭这一点博彩公司老板就没有能力接受这个赌局。但作为博彩公司，又不能拒绝客人的要求。于是，问题就摆在博彩公司老板面前：到底如何渡过这一关又不承担任何风险呢[①]？

根据金融学的对冲思想，博彩公司老板可以采取以下措施：博彩公司

---

① 博彩公司只是一个赌博的中介机构，其目的是赚取赌客的手续费，不是参与赌博，客观上不能承担任何风险，因为公司一旦暴露在风险中，其职能就发生了本质的变化，公司本身就成了赌客了，这与其初衷不符。

向市场发售总额为4 000万美元（先这样假设，实际发售额不是4 000万美元）压巴西队获胜的彩票，约定如果巴西队获胜，彩票购买者①可以获得总值为6 000万美元的奖励；而如果德国队获胜，彩民将得不到任何回报。

这样一来，如果德国队获胜，亿万富翁将从博彩公司赢得总共一亿美元的赌资（包括博彩公司支付给他的4 000万美元）。而博彩公司可以从彩票发售中获得4 000万美元，因此，博彩公司不盈不亏（暂且不考虑手续费及其他支出或收入），也不承担"德国获胜"的风险；反过来，如果巴西队获胜，根据约定，亿万富翁将得不到任何赌资，并且当初的6 000万美元的赌注也归了博彩公司。而博彩公司并不能得到这6 000万美元，因为它必须根据与彩民的约定，向彩民支付总额为6 000万美元的奖励。但博彩公司也不承担"巴西队获胜"的风险。

但事情到这里并没有结束，而是刚刚开始②。我们假设亿万富翁现在就把三个月以后才能看到结果的赌局的赌注全部压在博彩公司是合理的（毕竟这个让博彩公司为难的赌局是他挑起的），那么，博彩公司应该以什么样的价格发售这个设计好的彩票呢（假设以总值计算）？

也许有人认为理所当然是4 000万美元，因为要想把"亿万富翁赢的赌局"的风险完全对冲掉，博彩公司在"德国获胜"的情况下必须赢得4 000万美元。但市场对此有不同看法。

市场会认为，既然比赛要到三个月后才进行，而彩票是现在就发售的，那就意味着彩票的发售方可以利用这三个月的时间，把彩票收入投资到三个月期（或者还有三个月到期）的国债上，同样不承担风险（因为国债被公认为无风险资产），却可以在三个月后获得一笔收益。假如这笔彩票收入是4 000万美元，那就意味着三个月后这笔收益（在投资国债后）一定大于4 000万美元，而且没有承担任何风险，于是就成了典型的套利机会。根据套利机会法则，市场上一旦出现套利机会，参与者都会参与套利，直至套利机会消失。那么，眼下这个套利机会会在什么情况下消失呢？假设三个月后到期的国债的到期收益年化利率为12%，答案必须是

---

① 当然不会是一个，而是指所有的该彩票持有者。

② 虽然铺垫得多了一些，但大家千万别忽视这个铺垫，一方面因为接下来的重点部分必须以这个略显冗长的铺垫为基础；另一方面这个铺垫还蕴含着一个我们很快就会在第二节用到的金融学思想：完全对冲。

3 883. 4951 万美元，因为在连续复利条件下 3 883. 4951 × $e^{0.03}$ = 4 000 。也就是说，只有当彩票的发售总值为 3 883. 4951 万美元时，市场上才不存在套利机会，于是，以这个总值为依据的发售价格才是可接受的、合理的。

这个案例有两点值得总结：一是说明了命题（二）的含义；二是在有三只证券的市场上（两只风险证券、一只无风险证券），只要其中任意两只证券的价格是正确的，或者是被市场接受的，那么就一定能推算出第三只证券的价格。请务必记住这个规律，这对我们后面的资产定价是至关重要的。

当然，读者也许会问：为什么必须要有一只无风险证券？这实际上是我们揭示资产定价一般规律的重要一环。首先，正如命题（二）所说，一定可接受的定价规则必然是一个没有套利机会的均衡状态，而套利的本质是无风险的，无风险证券的"介入"恰好可以提供一个可靠的参照，来帮助我们检验是否存在无风险的套利机会；其次，从数学角度看，资产定价的过程一定是解一个含有未知数（就是待定价资产的价格）的等式的过程，这个等式的建立的最有效途径就是将两个风险资产（完全）对冲为一项无风险资产。无风险资产的介入相当于提供了等式的一端，你所要做的就是设计好完全对冲的另一端就行了，接下来的二叉树期权定价法很好地诠释这个过程。

第二节 期权定价的简化方法：标准二叉树

期权定价是一个相当复杂的过程，学术界对这一问题的探讨也经历了迷茫和曲折，才最终找到了期权定价的规律和方法。为了能让读者更好地领会并掌握期权定价思想，我们先从一种简化的期权定价方法开始，看看期权定价基本规律和范式，这种方法就是"标准二叉树"[①]。

在具体介绍二叉树方法之前，有一个问题必须说明。二叉树方法在确定期权价格的过程中首先假设期权的标的资产（比如股票[②]）的价格分布是"离散"的，这样做的主要目的是使推导过程最大限度的简化。但是，无论是现

[①] 二叉树原本就叫二叉树，没有标准二字。但自从美国学者伊曼纽·德尔曼提出"隐含二叉树"（implied tree）这个概念后，最早的二叉树也应该有一个独立的名称，姑且叫作"标准二叉树"，因为原始二叉树是其他二叉树的参照。

[②] 为了说明方便，本章绝大多数时候都是以股票期权为例，但读者可千万别误以为这些方法只能用来给股票期权定价。

代金融学理论对股票价格分布的假设，还是股票价格波动的实际情况，都普遍认为股票价格的运动更接近于"连续"变化过程。因此，以离散价格分布为前提的二叉树方法对股票期权进行定价能否准确就值得怀疑了。我们该如何理解这个问题呢？

其实读者不必过于纠结于此，这只是问题的普遍性表现与特殊性表现的辩证关系。连续变化是股票价格运动的普遍性，具有普遍性规律；而离散变化只是股票价格运动过程的特殊性而已，只要我们切入的角度正确，特殊性所蕴含的规律同样具有普遍意义。更何况，二叉树对股票价格的离散性描述在实际操作中经过技术处理可以非常接近连续变化状态。所以，读者大可不必为二叉树的规律性感到怀疑。

一、问题的提出

我们将以一个实例来说明二叉树定价方法的过程，以及其中蕴含的思想。

假设有这样一个买方期权，其标的资产是一只股票，即股票的期权。这只股票当前的价格是 10 元，一个月后有两种价格可能（离散分布）：或者上涨到 12 元，或者下降到 8 元（如图 4－2 所示）。进而假设该期权的执行价格为 11 元，期限 1 个月，同期国债（年化）利率为 12%。问题是：这只期权的价格应该是多少呢？

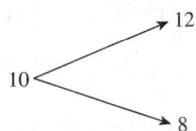

图 4－2 股价变动

二、分析并提出思路

单独去考虑一项期权的定价是没有意义的。根据第一节关于金融学基本定理的引申分析，要想对一项资产进行无套利均衡的定价应该具备两个条件：一是要有三项资产（例 4－1 和例 4－2 都说明了这点）；二是要有一项无风险资产（例 4－2）。

在具备了这些条件之后，我们来构建一个完全对冲组合，就像我们在例 4－2 中所做的，把德国队获胜这种风险全部对冲掉（其实也可以反过来理解，我们同时也把博彩公司发售的彩票的风险完全对冲掉了，因为我们要对彩票进行定价）。在本例中，我们也需要构造这样一个完全对冲组合，要对冲的是这只买方期权的风险（因为我们要对这只期权进行定价）。

任何一项期权——理论上讲都可以有无数多个对冲资产，但在这种多的对冲资产中，最简单、最直接的就是其标的资产，比如股票期权，它最直接的对冲资产就是股票。而且，期权与其标的资产的对冲关系是有规律的。仍以股票期权为例，股票的买权（空头）与股票（多头）呈对冲关系，而股票卖权（多头）与股票（多头）成对冲关系。

在本例中，待定价资产为股票买权，因此，最简单、直接的对冲组合就是一份买权空头加上一定数量的股票多头。但这只是构建完全对冲组合的第一步，要想真正做到完全对冲，还需要调整对冲资产的头寸比，就像例 4-2 中，要想完全对冲掉亿万富翁做多的"德国获胜"的风险，博彩公司必须设计好发售彩票的比例一样。

找到完全对冲比例的关键是如何达到完全对冲的目标，对于本例中这只股票，将其与另一项资产完全对冲就意味着：无论一个月后股票价格如何变动，完全对冲组合的价值不变。现假设此完全对冲组合为一份买权空头加上 x 股该股票，这个组合在股票价格上涨到 12 元时的价值为 $12x - 1$，其中 -1 就是买权空头的价值，因为多头要行权，并且行权价值为 1；当股票价格下跌到 8 元时，完全对冲组合的价值为 $8x$，因为此时买权多头不会行权，故只有股票价值 $8x$。

根据前面的分析，有：$12x - 1 = 8x$，可得 $x = \dfrac{1}{4}$。即，$\dfrac{1}{4}$ 股股票多头与一份买权空头可以构成完全对冲组合。

接下来的问题是如何运用这个完全对冲组合来构建一个含有待定价资产价格这个未知数的等式，即定价方程。要构建定价方程只需弄清楚一点：由于完全对冲资产组合相当于一项无风险资产，也就是相当于国债，因此，这个组合的初值与终值之间的关系与相同价值的国债的初值与终值之间的关系是一样的。

具体地，设该买权价格为 c（未知数），完全对冲组合的初值为 $10 \times \dfrac{1}{4} - c$。之所以是 $-c$，是因为组合中买权是空头，从成本的角度看相当于卖出一份期权，获得 c，所以应该从成本中减去。而该组合的终值就是到期时组合的价值，即 $12x - 1$，或 $8x$。因已知 $x = \dfrac{1}{4}$，所以该组合终值为 2。

而此间国债的初值与终值的关系是：初值 $\times e^{0.01}$ = 终值。所以有：

$$\left(\frac{1}{4} \times 10 - c\right) \times e^{0.01} = 2$$

这个等式就是该买权的定价方程，解此方程，所得结果就是该买权的价格。即：$c = 0.52$ 元。

三、思路总结

通过上面的分析我们可以发现，一项资产的定价无论多复杂，其基本的逻辑思路（或者范式）是有规律可循的。

首先，要对一项资产进行定价，必须通过含有待定价资产在内的至少三项资产的关联才能实现，这有点像初等数学中"欲同时求解两个未知数必须要有两个（或两个以上）方程联立方可"，并且这三项资产中还要含有一项无风险资产。

其次，要构建一个含有待定价资产的完全对冲组合。

最后，根据"完全对冲组合相当于一项无风险资产"的事实，通过无风险资产可得到的初值与终值的关系，建立以完全对冲组合为基础的方程式，这个方程式中含有的唯一未知量就是待定价资产的价格，解此方程即可达到最初资产定价的目的。

我们不妨再看一个给卖权定价的例子，看看这个逻辑范式是如何应用的。仍以上例中那只股票为标的资产，所有条件不变，只是待定价资产变了，不是买方期权，而是一项期限、执行价格完全相同的卖方期权。请问，这样的卖权的价格应该是多少？

根据刚刚总结的范式中的前两部分，我们需要给这项卖权找一个对冲资产，然后构造一个完全对冲组合。类似地，一只股票卖权的最简单、最直接的对冲资产就是股票本身，只不过，要注意头寸方向[1]：股票的多头与其卖权的多头成对冲关系。

根据这个结论，我们假设"x 股票（多头）＋一份卖权（多头）"为一个完全对冲组合，该组合到期时有：

$12x = 8x + 3$，其中 3 为卖权在股票价格为 8 元条件下的价值。

解得：$x = \dfrac{3}{4}$。

即"$\dfrac{3}{4}$ 只股票（多头）＋一份卖权（多头）"为一个完全对冲组合。

再根据上面总结的逻辑范式的第三部分，该完全对冲组合相当于一项无风

---

[1]　在金融学中，资产的头寸是一项有方向、有大小的矢量。读者要格外注意资产的这种"矢量属性"，这对我们后面理解资产的复制和风险的对冲至关重要。

险资产，其初值为"$\frac{3}{4} \times 10 + p$"，其中 p 为该卖权价格。而其终值为9。根据例中有关国债的已知条件，有：

$$(\frac{3}{4} \times 10 + p) \times e^{0.01} = 9$$

解得 $p = 1.411$ 元。

四、公式总结

现在，我们把上述过程抽象化，总结出单步二叉树的一般计算公式。假设股票当前价格为 S ，未来价格为 S_u 和 S_d ，其中，u 股票价格的上升因子，d 为下降因子（$u > 1$，$d < 1$）。再设以该股票为标的资产的欧式买权当前价格为 f ，存续期为 T ，到期时，如果股价上涨到 S_u ，则对应的期权价值为 f_u（请注意：这里的 u 是 f 的脚标，不是相乘关系）；如果股价下跌至 S_d ，则对应的期权价值为 f_d（这里的 d 也是脚标）。期权存续期内无风险利率为 r 。

现在，我们为这只期权构建一个完全对冲组合：一份买权（空头）加上 Δ 只股票（多头）。股价上涨时该组合的价值为 $S_u\Delta - f_u$ ，而股价下跌时组合价值为 $S_d\Delta - f_d$ 。由于该组合为无风险组合，故到期时无论股价上涨还是下跌，该组合的价值不变，即

$$S_u\Delta - f_u = S_d\Delta - f_d ,$$

可解得 $\Delta = \dfrac{f_u - f_d}{S_u - S_d}$ 。

该组合现值为

$$(S_u\Delta - f_u)e^{-rT}$$

而构建该组合的成本为

$$S\Delta - f$$

因而有 $$S\Delta - f = (S_u\Delta - f_u)e^{-rT}$$

把 Δ 代入上式并简化，可得

$$f = e^{-rT}[pf_u + (1-p)f_d] \qquad (4-1)$$

其中，

$$p = \frac{e^{rT} - d}{u - d} \qquad (4-2)$$

这里特别需要说明这个 p ，单纯从数学角度看，它只是一个简化因子，即通过它的简化作用，可以使买权价格计算公式（4-1）变得更加简明易记。

但如果我们再仔细观察式（4 - 1）中括号部分，就会发现这个 p 更像是（到期时）期权价值达到 f_u 时的概率，因为中括号部分——从统计数学的角度看——分明就是期权到期时的数学期望值。如果真是这样，那么我们刚刚完成的工作的意义远大于期权价格的计算，因为我们发现了期权价值变动背后股票价格的变化规律![1] 当然，这只是一个幻觉。

实际上，这个所谓的概率是我们在总结二叉树计算公式的过程中"造"出来的，而且是在"风险中性"（risk-neutral）假设下造出来的，因此这个概率又叫"风险中性概率"（risk-neutral probability），也叫"鞅"（martingale）[2]。所以，千万别误以为我们因此发现了风险资产的变动概率，更不可据此制定投资策略，否则，会"死"得很惨！

刚刚我们总结的是买权的二叉树定价公式，卖权又是怎样的呢？有兴趣的读者可以按照前面介绍的步骤自己推导一遍，推导完你会"惊奇地"发现，这两个公式是一模一样的。

第三节　布莱克—舒尔茨方程的建立[3]

第二节我们讨论了"股票价格离散分布"假设下的股票期权定价问题，接下来要讨论的是"股票价格连续分布"假设下的期权定价。最早在这方面取得突破性进展的是布莱克、舒尔茨和默顿三人，但早期布莱克与舒尔茨的研究与我们今天在教科书上看到的过程完全不同，他们甚至还走了一段"弯路"。直到默顿提出建设性的路径后，连续型期权定价结果才被广泛接受，并最终被写进教科书。

---

① 任何人，只要知道股票未来价格的变动规律，比如上升或下降的概率，那么他（她）几乎等于得到一台印钞机。实际上，金融学家们在研究与股票有关的问题时，永远都是假设（从当前时刻看）股价未来上涨与下降的概率各占 50%。

② 限于本书的篇幅与目的，有关风险中性概率和鞅的内容不做展开，但读者务必明白，整个金融学的理论体系（尤其是以资产定价为核心的理论体系）都是以风险中性概率为基础的，因此，有深入学习要求的读者可参考其他书籍深入了解相关内容。

③ 这部分不可避免地要涉及高等数学，而且是"不一般"的高等数学，比如偏微分、偏微分方程，这对数学基础差的读者的确非常困难。记得上大学时，《数学教法》这门课程的老师曾经对我们说：如果有一天谁能把微积分给只有初等数学基础的学生讲明白，那他就是数学教师中的翘楚了。很遗憾，30 年后我才发现我与老师的期望实在差得太远了。不过，我依然要鼓励那些不具备高等数学基础的读者阅读本节内容，一是因为这是金融学方法论体系无法跨越的环节；二是因为你只需要看懂整个过程的逻辑也可以大致理解我们所要呈现的逻辑链条。

一、布莱克与舒尔茨的"弯路"[①]

在布莱克与舒尔茨研究期权定价的时候，学术界并没有认识到诸如我们在第二节所介绍的逻辑范式，因此，究竟该从哪里作为突破口这一直困扰着该领域的研究者。布莱克和舒尔茨认为，以资本资产定价模型为起点，以期权的预期收益率与相应的风险关系为突破口，可以揭示期权的价值规律。

假设股票当前价格为 x（假设该股票在期权存续期内不分红），那么，相应的股票期权的价格函数应为 $\varpi = \varpi(x, t)$[②]，其中 t 为期权的存续期。根据资本资产定价模型中的证券市场线，有：

$$E(\frac{\Delta x}{x}) = r\Delta t + \alpha\beta_x\Delta t \qquad (4-3)$$

其中，Δ 表示该变量，r 为存续期无风险利率，β_x 为该股票的 β 系数，α 为市场收益率与无风险利率之差。

同样地，我们也可以有：

$$E(\frac{\Delta\varpi}{\omega}) = r\Delta t + \alpha\beta_\varpi\Delta t \qquad (4-4)$$

其中，β_ϖ 为股票期权的 β 系数。

经推导，布莱克与舒尔茨得出 $\beta_\varpi = (\frac{x\frac{\partial\varpi}{\partial x}}{\varpi})\beta_x$ 的结论[③]，于是式（4-4）可以变形为

$$E(\Delta\varpi) = r\varpi\Delta t + \alpha x\frac{\partial\varpi}{\partial x}\beta_x\Delta t \qquad (4-5)$$

根据随机微积分，可得

$$\Delta\varpi = \varpi(x+\Delta x, t+\Delta t) - \varpi(x, t)$$

---

① 尽管这个被本书戏称为"弯路"的证明方法在布莱克和舒尔茨那篇揭示期权定价规律的论文《期权与公司负债的定价》中仅被作为一种"替代的推导方法"加以介绍。但许多记载表明，在舒尔茨与默顿就期权定价问题讨论前，这个推导过程就是布莱克与舒尔茨思路。

② 在这里把一个期权的价格函数理解为关于股票当前价格和期权存续期的二元函数是有道理的，至于对期权价值有重要影响的执行价格没有被纳入，主要是因为，执行价格决定了期权到期价值的闭区间，这个量在后面解价格方程时必将直接发挥作用。

③ 这个结论实际上是在已知布莱克—舒尔茨偏微分方程的基础上才能得出，因而，在逻辑上说不通。也就是说，以资本资产定价模型为范式的研究无法作为一个独立的方法出现。这也证明了默顿的范式多么重要！

$$= \frac{\partial \varpi}{\partial x}\Delta x + \frac{1}{2}\frac{\partial^2 \varpi}{\partial x^2}\sigma^2 x^2 \Delta t + \frac{\partial \varpi}{\partial t}\Delta t \qquad (4-6)$$

取式（4-6）的数学预期值，有：

$$E(\Delta \varpi) = rx\frac{\partial \varpi}{\partial x}\Delta t + \alpha x\frac{\partial \varpi}{\partial x}\beta_x \Delta t + \frac{1}{2}\sigma^2 x^2 \frac{\partial^2 \varpi}{\partial x^2}\Delta t + \frac{\partial \varpi}{\partial t}\Delta t$$

$$(4-7)$$

由式（4-5）和式（4-7），可得

$$\frac{\partial \varpi}{\partial t} = r\varpi - rx\frac{\partial \varpi}{\partial x} - \frac{1}{2}\sigma^2 x^2 \frac{\partial^2 \varpi}{\partial x^2} \qquad (4-8)$$

式（4-8）实际上就是一个关于 $\varpi = \varpi(x,t)$ 的一个偏微分方程，这个方程后来被命名为布莱克—舒尔茨偏微分方程。解这个方程[①]，得

$$\varpi(x,t) = xN(d_1) - Xe^{-r\Delta t}N(d_2)$$

其中，$N(\cdot)$ 为概率密度函数。

$$d_1 = \frac{\ln\dfrac{x}{X} + (r + \dfrac{1}{2}\sigma^2)\Delta t}{\sigma \sqrt{\Delta t}}$$

$$d_2 = d_1 - \sigma \sqrt{\Delta t}$$

这就是（存续期不分红股票）欧式买权的定价公式，其中 X 为行权价格。

按理说，故事到这里就该结束了，因为我们得到了想得到的东西。但是，上述证明过程总有一些让人不满意的地方，最主要的就是整个过程的起点。

资本资产定价理论本身的逻辑没有错，如果我们能够"事前"准确得出标的资产的 β 系数，那么，根据这个系数我们就可以测算出标的资产预期收益的折现率，进而根据折现原理推算出资产当前的价格。但这个理论对于我们能不能事前得到这个 β 系数没有作任何说明，更何况预期收益又该如何测算呢？

关于折现原理的问题我们在第二章及附录中做过详细说明，实际上，传统资产定价理论更多的是建立在事前可以预知某些变量的假设之上的，至于这些变量是否能够真的事前预知都没有过证明。

而建立在无套利均衡基础上的资产定价就完全不同了，它是建立在仅需当前已知或可知的条件基础上，对于当前价格的科学推算。这个推算的潜台词是：如果价格不能得到满足，市场就会动荡（套利）；而要想让市场恢复平静

---

①　本书略去这个求解过程，有兴趣的读者可以查阅有关资料获取相关信息。

（无套利），价格就必须得到满足。

因此，现代资产定价理论有一个不成文的规矩，就是定价的过程必须满足无套利均衡。很显然，布莱克与舒尔茨的这个所谓的"替代证明"没有满足这个规矩，因此，作为一个结论性的东西总是存在遗憾的。

二、布莱克、舒尔茨与默顿的"正路"[①]

这个新的证明思路与本章第二节二叉树定价的计算过程基本一致[②]。首先，我们需要给待定价资产——某股票的欧式期权（所有假设与前相同）——找到一个对冲资产；其次，运用这个对冲资产构建无风险资产组合；最后，建立方程，求解方程。只不过，对于"价格连续分布"的风险资产来说，这个过程要比我们叙述的复杂得多。

设某股票当前价格为 S，以该股票为标的资产的买权为 f，且 $f = f(S, t)$。

现在，构造一个无风险投资组合：一份买权（空头）加上一定头寸比例的股票（多头）。由于该组合未完全对冲组合，因此，这个对冲的头寸比例为 $\dfrac{\partial f}{\partial S}$ [③]。该组合当前价值为

$$\Pi = -f + \frac{\partial f}{\partial S}S \qquad\qquad (4-9)$$

期权到期后（时间差为 Δt），该组合的价值为

$$\Delta\Pi = -\Delta f + \frac{\partial f}{\partial S}\Delta S \qquad\qquad (4-10)$$

由于该组合为无风险组合，所以有：

$$\Delta\Pi = r\Pi\Delta t$$

即
$$-\Delta f + \frac{\partial f}{\partial S}\Delta S = -fr\Delta t + \frac{\partial f}{\partial S}Sr\Delta t \qquad\qquad (4-11)$$

---

① 坊间有一种传说，认为下面这种证明方法最早是由默顿提出来的。是否真实，本书无心考证。

② 这句话实际上应该倒过来说，因为先有布莱克—舒尔茨—默顿定价方法，后来才有的二叉树定价法。之所以先说二叉树，再说BSM，就是因为二叉树是一种简化的BSM，比较容易理解。但两者在基本理念与思想上是完全一致的，因此，理解了二叉树的思想体系与方法模式就很容易理解BSM的基本思路了。

③ 这里不做详细数学推导，读者只需联想一下第二节那个对冲比例 $\Delta = \dfrac{f_u - f_d}{S_u - S_d}$，结合少许数学知识，便可明白为什么现在的对冲比例是 $\dfrac{\partial f}{\partial S}$。

其中，r 为期权存续期内的无风险利率。

很显然，式（4 – 11）就是一个关于未知数 f 的方程，如果该方程可解，则其解就是我们要计算的期权价格。

根据"维纳过程"和"伊藤定律"[①]，有：

$$\Delta S = \mu S \Delta t + \sigma S \varepsilon \sqrt{\Delta t} \qquad (4 – 12)$$

其中，μ 是以连续复利计算的预期收益率，σ 是 μ 的标准差，$\varepsilon \sqrt{\Delta t}$ 是一个标准布朗运动。

以及 $$\Delta f = (\frac{\partial f}{\partial S} \mu S + \frac{\partial f}{\partial t} + \frac{1}{2} \frac{\partial^2 f}{\partial S^2} \sigma^2 S^2) \Delta t + \frac{\partial f}{\partial S} \sigma S \varepsilon \sqrt{\Delta t} \qquad (4 – 13)$$

现将式（4 – 12）与式（4 – 13）代入式（4 – 11），并整理，可得：

$$\frac{\partial f}{\partial t} + r S \frac{\partial f}{\partial S} + \frac{1}{2} \frac{\partial^2 f}{\partial S^2} \sigma^2 S^2 = r f \qquad (4 – 14)$$

实际上，式（4 – 14）与式（4 – 8）完全相同，即式（4 – 14）也是一个关于期权价格的偏微分方程，解出的结果也与式（4 – 8）的结果完全相同。

但是，由于式（4 – 14）是在无套利均衡的基础上推导出来的，因此更加可靠、更加科学，因而也就被广泛接受了。

需要阐明的是，虽然两种证明方法得出的结论完全相同，但这绝不是"殊途同归"那么简单，因为两者的出发点完全不同，前者（本书所称的"弯路"）是建立在未来某些变量可以预知的假设基础上的，而后者（本书所说的"正路"）则是建立在当前市场可知变量基础上的[②]，所以，后者被广泛接受。时至今日，世界上绝大多数教科书在介绍布莱克—舒尔茨—默顿期权定价公式时，都采用后一种证明方法。

另有一种观点认为，运用 CAPM 计算期权价格是一种静态解决方法，它只能解释市场在某个时点上对某项资产的评价，之后只能通过其他时点与该时点资产的风险关系（也就是那个 β 系数）来确定一段时间内收益与风险的关系。而这个 β 系数却是刚刚说过的现在对未来的一种假设（假设它不变）；而市场价格却是一个连续的动态过程，它要求资产的定价必须能够包含未来每一个时

---

① 这又是两个很深奥的数学问题，有相应数学基础的读者可以查阅相关资料，以期完整掌握以下逻辑。而对于没有相应数学基础的读者，也不必着急，你只需知道此过程即可，因为这部分的最主要目的是 BSM 公式如何在无套利均衡条件下得到证明并得以广泛承认的。

② 当然，从推导的结果看，后者也有一个变量事前不可知，就是隐含波动率 σ。但作为整个逻辑过程的出发点，最初没有涉及这个变量。

点的变量变化，必须是一个连续时间分析。这也就是第一种推导方法虽然事后证明也得出一个正确的方程，但人们还是觉得它不够令人信服的原因。而第二种推导方法则完全体现了连续变化过程，因为它所使用的对冲比例是待定价未知量在每一个时点对标的资产价格的偏导。

这种思想范式一直延续至今，换句话说，无论何种情况，当你要对一项资产进行定价时，最科学、最令人信服的方法永远是完全对冲框架内的价值变动规律所反映出的资产价值。

附录一：二叉树的一个应用——BDT 模型

BDT 模型，又称"Black-Derman-Toy"模型，是美国高盛公司固定收益证券部和风险控制部的三位合伙人 Fisher Black、Emanuel Derman 和 William Toy 于1990 年共同创造的。后来，Derman 在一本回忆录中谈到当年创立该模型的情景："我们尽量不采用数学公式来表达这个模型，以便大多数客户能够轻松理解这个模型。一旦大多数人接受了这个模型，（这个模型）就成了市场惯例。"

这是一个有关国债期权定价的模型，该模型采用了二叉树的方法范式，对不同价格分布可能条件下的期权价值进行了离散式分析，最终得出关于某国债的某期权的当前价格。与传统二叉树期权定价不同的是，BDT 将标的资产（国债）价格分布与相对应的期权价值分布分别进行描述，以使计算的过程更加清晰明了。

国债的价格分布

首先，假设我们持有一款国债，当前价格为 S ，一年以后该国债价格有50% 可能性上涨到 S_u [①]，还有 50% 的可能性下跌到 S_d ，则该国债一年后价格

---

① 读者看到这里可能会有一点疑惑。因为本章第三节在介绍标准二叉树的时候我们曾经引入一个"风险中性概率"的概念，但我们马上声明这个概率和实际概率不是一回事，"风险中性概率"是我们在风险中性假设下"造"出来的，只是为了计算过程更加清晰、简明，而实际概率是什么样的没有人知道。那为什么 BDT 可以不经计算就直接假设国债价格上涨和下降概率各为 50% 呢？这里面有两个原因：一是自巴切利耶以来，所有研究资产价格的学者几乎都假设价格是随机游走的，也就等于假设资产在任何一个时点上，其未来价格上升与下降的可能性各占一半；二是即使后面我们就用 50% 作为风险中性概率来计算期权的价值也没有任何问题，因为国债本身就是没有风险的资产（至少我们这样假设），50% 的概率假设本身就是"风险中性假设"条件下的概率。

的数学期望值为 $\dfrac{1}{2}(S_u + S_d)$，因此，该国债的预期收益率就是 $\dfrac{\dfrac{1}{2}(S_u + S_d)}{S} - 1$。

假设国债的短期利率是 r，于是我们有：

$$S = \frac{\dfrac{1}{2}(S_u + S_d)}{1 + r}$$

其实，这与折现原理是一脉相承的，也是数学期望值的基本原理。基于这个认识，我们就可以分析各种国债的利率结构。

假设我们持有的这只国债为两年期的贴现国债，两年后支付 100 元，那么它当前的价格应该是多少呢？再假设，当前 1 年期国债（年化）利率为 10%，一年以后，一年期国债（年化）利率有 50% 的可能性上涨到 11%，还有 50% 的可能性下降到 9%，如下图所示。

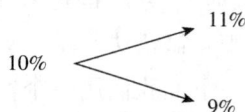

图 4-3　利率变化

现在，我们就根据这个利率结构来推算一下该国债当前价格：（1）如果第二年一年期国债利率上涨到 11%，则根据折现原理，第一年年底该国债价格为 90.09 元；（2）如果第二年一年期国债利率下降到 9%，则第一年年底该国债价格为 91.74 元。

又如，当前国债一年期利率已知为 10%，于是我们可以根据该国债第一年年底的两种价格可能再推算出当前该国债价格：

$$S = \frac{\dfrac{1}{2}(90.09 + 91.74)}{1 + 10\%} = 82.65$$

该国债价格分布如下图所示。

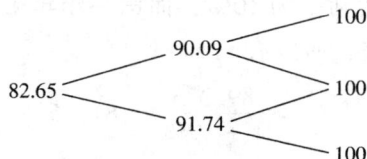

图 4-4　国债价格分布

依据这个方法，我们可以根据当前国债一年期利率（短期利率）推算出任何一只国债的价格分布，而如果我们可以知道一只国债的价格分布，那我们当然就可以根据这个价格分布加上二叉树原理算出国债期权的价格了。现在的问题是，我们怎么知道下一个一年期的国债利率比当前的一年期利率上涨

（或者下降）的百分比呢？就像刚才我们怎么事前知道上升和下降的幅度各为10%？

我们把国债上涨的利率记为r_u，把下降的利率记为r_d。实际上，这个上涨的利率与下降的利率与国债期权的隐含波动率σ有着下面这样的关系[1]：

$$\sigma = \frac{\ln\dfrac{r_u}{r_d}}{2}$$

但光有这样的关系还不够，因为我们没法用一个等式解出两个未知量来（此时r_u与r_d都是未知量）。这时我们不得不用另一种方法把两个未知量求解出来：试错法。

下面我们用一个实例来说明这个求解过程：

假设有一只2年期的零息贴现国债，当前1年期国债利率为10%，第二年的国债利率有50%的可能性上涨到r_u，另有50%的可能性下降到r_d。根据这两个利率与国债期权隐含波动率的关系（此时假设隐含波动率为19%），我们猜测：

$$r_u = 14.32\% , r_d = 9.79\%$$

基于这两个猜测的数据，我们将这只国债的到期支付折现到第一年年末，可以分别得到：

$$S_u = \frac{100}{1 + 14.32\%} = 87.47 , S_d = \frac{100}{1 + 9.79\%} = 91.08$$

因此，该国债第一年年末的价格预期值为

$$S_1 = \frac{87.47 + 91.08}{2} = 89.275$$

由于当前一年期国债利率为10%，而第一年年末国债价格的预期值的折现值即为该国债当前价格，所以有：

$$S_0 = \frac{89.275}{1 + 10\%} = 81.16$$

那么，我们的猜测是否正确呢？接下来就进行一次检验。假设当前2年期国债的实际到期收益率为11%[2]，那么到期支付为100的国债当前价格应该为

---

① 关于这个关系的证明本书略去，有兴趣的读者可以自己证明。

② 这个11%实际上可以根据2年期国债当前价格以及存续期支付情况准确算出来，所以这个假设只是假设了11%这个数字，而不是假设我们可以得到这个数字，因为这个数字我们能算出来。

$$\frac{100}{(1 + 11\%)^2} = 81.16$$

与刚才计算的结果完全相同，由此断定：我们当初的猜测是正确的①。于是，我们就可以得到一个国债价格分布，如下图所示。

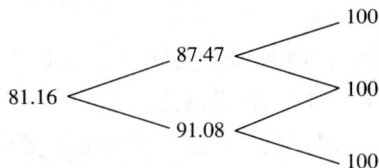

```
                              ┌─── 100
                      87.47 ──┤
              ┌─────          └─── 100
    81.16 ────┤
              └───── 91.08 ──┬─── 100
                             └─── 100
```

图 4 – 5 国债价格分布

当我们有了这个价格分布图，就可以根据二叉树的计算原理对以此国债为标的资产的期权进行定价了。

比如，要我们求一个 1 年期、行权价格为 88 元的该国债欧式买权价格。当国债价格为 87.47 元时（第一年末），该买权价值为 0；当国债价格为 91.08 元时，该买权价值为 3.08 元。由于当前 1 年期国债利率（实际上就是无风险利率）为 10%，所以，根据二叉树定价公式，有：

$$\frac{\frac{1}{2}(0 + 3.08)}{1 + 10\%} = 1.4$$

即，以该国债为标的资产，期限 1 年，行权价格为 88 元的买方期权的价格为 1.4 元。

同样上述条件，行权价格为 88 元的卖方期权的价格也可类似求解。当国债价格为 87.47 元时，该卖权的价值为 0.53 元；当国债价格为 91.08 元时，该卖权的价值为 0。至此，我们有：

$$\frac{\frac{1}{2}(0.53 + 0)}{1 + 10\%} = 0.241$$

即，以该国债为标的资产，期限 1 年，行权价格为 88 元的卖方期权的价格为 0.241 元。

上述方法不仅适用于 2 年期国债，存续期再长的国债也一样。另外，不仅

① 实际上谁也不会猜得那么准，一上来就猜对，而是经过反复试错得出的结果，只不过在这里我们把正确的结果直接给出来而已。

是零息贴现国债，按期结息、到期还本的国债也可使用上述方法计算价格分布，进而计算其期权价格。

附录二：是 BS，还是 BSM？

今天的金融学教科书中，但凡提到连续变化条件下期权的定价方法时，几乎无一例外都要以布莱克—舒尔茨期权定价公式（以下简称 BS 公式，或者 BS）为例，而提到这个公式时又几乎无一例外地提到两个人，就是刚刚提到的布莱克和舒尔茨。然而，严肃的学者都认为，这个公式更准确的叫法应该是"布莱克—舒尔茨—默顿期权定价公式"（以下简称 BSM 公式，或者 BSM）。那么，这其中又有什么特殊的"内幕"吗？

很多证据表明，布莱克与舒尔茨最初使用 CAPM 来推导期权方程。最早提出这个想法的布莱克，布莱克是一位数学博士，后转行进入投资及商业领域。研究期权定价之初对经济学、金融学以及相关学科知识的了解并不多，但他的数学天分使他很快就了解了 CAPM（资本资产定价模型）并钻研其中。

关于 CAPM 在这个推导过程中的"弊端"本章已有介绍，不再赘述。不过，布莱克还是很"坚韧地"解决了其中部分问题，比如他用微积分的方式确立不同变量的变化率之间的关系，进而用微分方程（实际上是偏微分方程）来明确期权价格与其他变量之间的关系。尽管建立了解决问题的方程，但布莱克却找不到解方程的标准方法，这让他十分苦恼。恰在此时，他认识了舒尔茨。

舒尔茨算是科班出身，1968 年在芝加哥大学获得财务学博士学位。他与布莱克相遇时，恰好也在研究期权定价，并且用的也是 CAPM。共同的目标使得两人开始了合作研究，他们很快发现，在期权的定价过程中，CAPM 中的两个重要变量——风险与相应的预期收益——都不会对定价产生影响，这个重要发现帮助他们解出了先前那个关于股票期权的偏微分方程的解，也就是得到了期权定价公式。

从表面上看，他们已经解决了问题。但正如某位哲人说过的："所有问题都有解决的方法，但所有解决问题的方法也都一定存在问题。"布莱克与舒尔茨对期权定价的解释好像总有点让人"不舒服"的地方，问题到底出在哪儿呢？

就像某种宿命一样，这时罗伯特·默顿出现了。

　　默顿是一位非常有天分的经济学专业学生，1968 年，他担任萨缪尔森的研究助理，研究的方向就是期权定价问题。萨缪尔森对默顿的评价非常高，他称默顿是"行家中的行家，巨人肩头的巨人"。多年后，默顿与兹维·博迪合写过一本 "*Finance*"，萨缪尔森为这本书写了一段类似后记的东西，其中有这么一句 "我不禁为自己遗憾：'当我是学生的时候，到哪里去找这么好的教材呢？'"

　　默顿的研究没有"就事论事"，他不是把期权作为一个孤立的切入点，而是构造了一个包含期权的投资组合。默顿从一开始就意识到资产价格变化不是静态的，而是不同个时期的"跨期连续过程"，因此各个时期的各种条件是持续的、动态的变化。有着坚实数学基础的默顿很快就决定把数学中的"伊藤定理"引入到他的跨期模型当中，并很快取得突破性进展。要知道，当时在经济学界几乎没人知道什么伊藤定理，更不可能想象这样一个讳莫如深的数学原理居然可以在解决期权定价的过程中发挥如此重要的作用。

　　当时的学者认为，默顿范式的可取之处在于，他的范式基础与所谓的"阿罗—德布鲁经济"（Arrow-Debreu）[①] 在哲学上是一脉相承的。如果说，阿罗和德布鲁描述了一个理想的市场形态的话，那么，默顿的研究就是这个理想市场形态下的一种均衡。而市场均衡在经济问题研究中有多重要，默顿的研究之所以没有布莱克与舒尔茨的那种"不舒服"，关键可能就出在这里。

　　1969 年，默顿到麻省理工学院任教，在那里他认识了舒尔茨。

　　此时，布莱克与舒尔茨的研究范式也开始发生变化，他们不再揪着 CAPM 不放了，而是试图构造一个完全对冲组合，就是一定数量的股票期权与一定数量的股票的组合，这个组合的最大特点是不受市场变化影响，从而可以避免静态模型对某一时点市场特征的依赖，以及对其他时点与该时点关系的依赖，要知道后者更是依赖"我们事先知道一个相关系数"的假定。只是他们不知道这个对冲比例是多少。

　　舒尔茨告诉默顿他们的烦恼，默顿很乐于接受这个挑战。也正是这个时期，默顿得出了一个比布莱克和舒尔茨"更漂亮"的推导方法，这个方法有两个重要的支点：无套利均衡和偏导状态下的对冲比例。

　　至于布莱克和舒尔茨后来是否直接受益于默顿的新方法，我们不得而知。但就在默顿完成期权定价研究的同时，布莱克与舒尔茨的工作也完成了，并在

---

　　① 阿罗—德布鲁经济是一种市场形态的假设，叫作完全市场，本书不详述。转化到金融市场上，这种经济描述的是一种有效的形态，存在最优的市场均衡。再进一步，实质上就是无套利均衡。

1971 年 1 月将论文投给《政治经济学杂志》，几经周折，这篇最终题为《期权和公司负债的定价》的文章在 1973 年 5 月最终刊出。

几乎与此同时，默顿的文章也已完成，并且已经得到《贝尔经济学与管理科学杂志》（*Bell Journal of Economics and Management Science*）的认可，准备刊出。但默顿认为，自己的文章引用并评论了布莱克与舒尔茨的工作，所以坚持要求杂志社一定要等到布莱克与舒尔茨的文章发表后再行刊出。但杂志社等不及，于是一篇题为《理性的期权定价理论》的文章在 1973 年春季被刊发出来，比布莱克二人的文章略早一点。

但这件事并没有影响三个人的关系，后来他们成了好朋友，甚至一度打算搬到一个城市工作生活（但遗憾的是没有成行），毕竟他们的理念有太多的相同之处。而且三人后来都很热衷实践，布莱克后来去了高盛，舒尔茨曾担任旧金山威尔斯法哥银行的投资顾问，默顿后来担任长期资本投资公司的独立合伙人。

今天，当我们回顾这三位伟大学者的伟大工作时，尽管仍有许多历史谜团没有解开，但有一点是非常明确的，三位伟大学者的创新性思维为后人打开了一扇通往金融学圣殿的大门，并且为后人奠定了研究金融问题的思想基础与方法范式。除此之外，这个定价公式已经成为期权市场的一种交易惯例和报价机制。对金融市场的实践也产生了深远影响。尽管后来由于出现了"波动率微笑"① 现象，从而使这个期权定价公式的某些假设受到质疑（主要是"波动率真的不变吗？"），但这并不影响这个理论自身的价值和伟大意义。

1997 年，瑞典皇家科学院将当年的诺贝尔经济学奖授予舒尔茨和默顿，以表彰二人在期权定价理论中作出的突出贡献。遗憾的是，三人中的布莱克已经去世，从而失去了分享这一伟大荣誉的机会，令人扼腕。

据说，布莱克生前曾经说过，这个公式实际上应该叫"布莱克—舒尔茨—默顿期权定价公式"，因为默顿对这一理论的最终完成起到了极为关键的作用。

---

① 波动率微笑现象是 1987 年美国股灾之后出现在期权市场上的一种"怪相"。简单地说，BSM 认为，作为标的物，其未来一段时间内的波动率不受期权行权价格的影响。但"八七股灾"后，人们用 BSM 公式倒算出的隐含波动率不但受到行权价格的影响，甚至还受到其他因素影响，从而使原本是一条直线的波动率线（波动率不变），变成了一条类似于人微笑时嘴型的曲线，故得名"波动率微笑"。这种"怪相"必将开启金融学的新的研究领域，但相关内容不在本书范围之内。

第五章 金融学的方法典范——复制与对冲

如果说前四章的内容是以具体方法为支点来总结金融学的方法论的话，那么，本章将要做的是在方法论的框架下归纳金融学在分析问题、解决问题过程中具体的、本质性的方法。

复制与对冲既是两个独立的方法，又是一个过程不可分割的两个方面，如同一枚硬币的两面。对冲以复制为基础，往往是复制的一种结果；而复制也可以以对冲为衣钵，从对冲中获得灵感。

中国人常讲"一阴一阳是为道"，复制与对冲就像金融学中的阴阳一样，几乎所有的金融学思想与范式都可以归结为复制与对冲的结果。

第一节 头寸与分解

金融学里的"复制"指的是资产复制，因此，我们必须首先回答一个问题：资产为什么能复制？

资产复制的基础是我们能够找到构成资产的基本元素，在此基础上还要弄清这些要素在构成资产的过程中的相互关系。

一、头寸的属性

从市场意义角度看，构成资产的基本要素是头寸（positions）。那么头寸又指的是什么呢？首先我们必须澄清，我们这里说的头寸与普通市场交易中所说的头寸是有区别的。市场交易中的头寸指的是交易双方在交易中所处的位置，所以叫 positions；而我们从金融学思想及方法论层面所说的头寸指的是一个有大小、有方向的矢量。

比如，我们可以把一只股票视为一个头寸，那么这个头寸是有变化方向的：有时上涨，有时下跌。不仅如此，上涨或者下降都有一个幅度问题，这就是大小。所以，我们说股票是一个矢量。

之所以强调金融头寸的矢量属性，是因为矢量在不同的（坐标）体系中，可以在不同的方向上分解成不同的矢量，从而不仅使我们可以"看清"头寸矢量的构成，更重要的是为后续的复制奠定了基础。

比如一家黄金公司发行的股票，从预期收益的角度看，受到未来黄金价格的影响；而从企业自身的管理角度看，又受到领导者能力的制约。这样的话，我们就可以建立一个以"未来黄金价格"和"领导者能力"为坐标的坐标系，然后将黄金公司股票这个矢量放在坐标系中，于是我们看到黄金公司股票可以分解为这两个方向上的新矢量（如图 5 - 1 所示）。

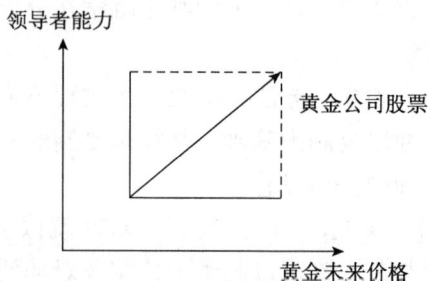

图 5 - 1　黄金公司股票头寸分解

至于这两个新矢量对应怎样的金融头寸或资产，我们暂时不去讨论，但是这种分解的方法为我们建立了一种全新的认识资产构造的范式和框架，在这个范式和框架内，我们不仅可以将头寸矢量放在二维坐标系里分解，还可以放入三维、四维乃至更多维度的空间中进行分解，可以更加立体和全面地认识金融世界。

至此，我们可以总结以下几点关于头寸的命题。

（一）凡头寸必可分解

由于头寸是一个有方向、有大小矢量，因此就意味着头寸可以在不同的方向上进行分解，而且，如果不考虑风险因素，比如仅考虑收益的话，那么，任何一个头寸都可以分解为 n 个头寸线性组合，正如套利定价模型（ATP）所描述：

$$R_j = \alpha_j + \beta_1 R_{j1} + \beta_2 R_{j2} + \cdots + \beta_n R_{jn} + \varepsilon_j$$

（二）凡资产必可复制

分解的逆过程即为"合成"，也就是说，只要我们能够找到一个头寸分解出来的头寸，并且这些头寸时刻交易的，那么我们就必然能够反过来合成（复制）原头寸（原资产）。

正是由于有了上述结论，我们才有第二节关于复制的讨论。

二、头寸的种类

前面我们已经看到，资产本身即为头寸，为了更好地掌握资产的复制，我们不妨借用资产的分类方法来对我们即将用到的头寸进行分类。按照头寸的交易特征，我们可将头寸分为实体性头寸和概念性头寸。

(一) 实体性头寸

所谓实体性头寸，指的是可以在金融市场上直接交易的头寸，比如股票、债券、基金、票据、大额存单、金融衍生品等。实体性头寸在资产复制工作中非常好用，一是因为这些头寸很容易得到（在不考虑价格等因素的前提下）；二是因为这些头寸常见易懂，且关系直观，比较容易掌握。

(二) 概念性头寸

所谓概念性头寸，是指无法直接交易，但可通过其他资产或头寸的交易来实现其交易的头寸。比如利率，你没法直接买卖利率，但可以通过类似于利率协议的交易来实现买入（做多）或卖出（做空）利率的目的。

值得注意的是，概念性头寸在金融资产复制中发挥的作用越来越大，尤其在场外交易中更加突出。同时，概念性头寸在资产的复制中隐蔽性越来越强，这个金融产品的被动交易方（投资者）带来不小的麻烦，因为很多时候你并不知道产品设计者的真实目的。

━━━ **例 5 - 1** ━━━

航空公司套保失利的原因

从 2006 年起，国际原油价格出现强劲上升趋势，到 2006 年底至 2007 年初，原油价格突破 100 美元/桶。原油价格的上涨给航空公司带来运营成本的急剧上升，甚至已经开始影响正常营运。当时，由于种种原因，中国的燃油价格没有及时跟上国际原油价格的变化，以至于出现国外航空公司飞中国的飞机都抢着在中国加满油箱。而国内航空公司的日子也不好过，随着国内燃油价格逐步"与国际接轨"，国内航空公司的经营已经到了举步维艰的地步。恰在此时，据说是美国某知名投资银行向这些航空公司"伸出了援助之手"。

这家投资银行为航空公司设计的产品——简单地说——就是买入国际

原油的买方期权，同时卖出国际原油的卖方期权①。这样做的道理是：如果原油价格继续上涨，高过了买权的行权价格，那么买权头寸可以获得收益以抵补原油价格上涨带来的成本上升；相反，如果原油价格下跌，则买权只损失期权费（与对冲的风险相比期权费实在微不足道）。而之所以还要卖出国际原油的卖权，估计设计者一定"贴心"地认为航空公司流动性有困难，于是通过卖出卖权来买买权的自融资方式解决流动性的问题。

现在的问题就只有一个了，这个买权和卖权的行权价格为多少对航空公司最有利呢？我们假设买权的行权价格是120美元，这也可能是航空公司的燃油成本容忍的极限。如此，如果国际原油价格真的突破了120美元的极限，没关系，航空公司可以用买权"盈利"来抵补成本上升，航运业务可以继续下去。我们再假设卖权的行权价格是60美元，这样，只有当原油价格跌到60美元以下该头寸才会亏损。但是，正当国际原油价格一路高歌猛进、已经破百的时候，谁会预期跌破60美元？如此一来，航空公司似乎可以高枕无忧了。

然而，天有不测风云。到了2009年上半年，也就是这些期权到期的时候，国际原油价格开始暴跌，最低跌到了每桶二十多美元。参加套保的航空公司全面巨亏。有报道称，平均亏损的额度达到数十亿美元。

在此背景下，有关部门决定，以后国企不许参加此类套保活动。其实，套保本身没什么错，尽管不会给企业带来价值提升，但问题是套保者有没有搞清楚套保方案。

关于这份套保方案，事后有很多分析，主要以"阴谋论"最多，认为该投资银行行为不轨，当初就知道暴跌，所以才造成了航空公司的巨亏。这种观点虽然容易引起情绪上的共鸣，但不好想象，因为该投资银行能够操纵或者预测国际市场怎么都不好相信。

另一种观点与此类似，虽然不相信投资银行能够操纵或者预测原油市场，但其复杂的产品设计本身就有蒙人的成分②。但具体怎么蒙的？不知道。

从投资银行（尤其是这家投资银行）的一般操作惯例看，它一般不

---

① 这些细节均为从日后陆续披露的一些情节"倒推"出来的，但种种迹象表明，这种推理是正确的。

② 据说，套保方案打成A4纸居然要上百页，显然，这里有欲盖弥彰的意思。

会充当交易对手而持有风险头寸，它更可能的盈利模式是价格差，简单地说就是"低买高卖"，把方案做复杂更可能是为了掩盖这种价格上的差异。而实际情况很可能是航空公司"高买低卖"了。问题就出在"波动率微笑"上，根据期权市场的实证数据，期权的隐含波动率会随着行权价格的升高而下跌，这就意味着航空公司买入的行权价格为120美元的买权的隐含波动率比理论值要小，因此价格应该偏低；而行权价格为60美元的卖权的隐含波动率要高过理论值，因而价格应该更高。但是，投资银行的方案没有讲清楚波动率的变化，它一定是用复杂的头寸体系掩盖了方案背后的波动率，从而从套保者手中低价买入高波动率，再向套保者抛售高价的低波动率，以此获得巨额价格差。

可惜航空公司没有搞懂这一切，它们只注意到买权可以帮助它们规避油价上涨的风险，却全然忽略了代价问题，从而造成过多卖权风险留在手里[①]，一旦风险爆发，便全线溃败了。

这个案例表面上交易的是期权，实质上却是波动率——一个无法直接交易的概念性头寸。由于航空公司对国际金融市场的规律缺乏了解，因而也就无法识破一套貌似完美的方案背后的"阴谋"。还是那句话，套保没有错，问题是你储备了足够的知识了吗？

"骗人"永远都不是科学的目的，但防骗一定要依靠科学。除此之外，掌握好概念性头寸也可以发挥其特殊作用，为我所用、为民造福。

═══ **例 5 - 2** ═══

一款受欢迎的理财产品

个人理财产品是当今中国老百姓重要的投资对象，原因之一就是其收益水平比普通存款要高，而且绝大多数理财产品还能做到保本。顺应这个潮流，很多金融机构（尤其是商业银行）都大力开展个人理财产品的设计与开发，这些金融机构在个人理财产品市场上的盈利也是逐年上升的。但是，随着这个市场的不断壮大，各类问题也层出不穷，其中最严重的问题就是保本问题。金融机构在产品发售时往往都承诺即使没有收益也可以保证本金如数归还，但很多此类产品到最后结算时无法兑现当初的承诺，

---

① 因为它们做了卖权的空头。

一个很重要的原因就是很多理财产品构造并不精巧，很多都是对实体性头寸的投资，而实体性头寸又往往方向性极强（涨势与跌势的方向截然相反），一旦产品所含头寸出现下跌，如果设计者又没有足够的对冲手段作保证（对冲问题将在第三节详细讨论），那就只能眼睁睁地亏损。最终，引发投资者的抱怨和投诉。

其实老百姓理想中的理财产品应该具备两个特点：一是标的资产无论涨跌我都能赚；二是即使不赚我也不能亏本金。

看上去这样的理想"很不讲理"，但对于一个称职的产品设计者来说，需求即是要求，只有能不断满足市场要求的竞争者才能立于不败。所以，如果你是理财产品设计者，你就要尽量地、有条件地满足上述需求。

如何能将标的资产的"方向性"去掉，这是你要做的第一步。我曾经见过一款这样的产品，看得出设计者在这方面是下了工夫的。假设当时国际黄金价格为 1 125 美元/盎司，该产品约定：在未来的 3 个月中只要有一天国际黄金价格能保持在 1 000 美元/盎司至 1 250 美元/盎司之间，投资者即可获得一天相当于年化利率3.9%的收益。比如，3 个月中有50天黄金价格都在上述范围内，那么投资者的回报即为 $3.9\% \times \dfrac{50}{90} =$ 2.167%（年化收益率，且按照会计惯例每个月按30天计算）。而任何一天只要黄金价格超过这个范围，该产品将不向投资者支付任何收益，但保证投资本金的归还。

这个产品一经推出，立刻受到投资者的青睐，原因之一就是它有条件地满足了理想化理财产品的第一个特点，即无论黄金价格涨跌，只要价格在 1 000～1 250 美元/盎司这个范围内，投资者都可获益；原因之二是它保证本金的安全。

先说第一点，由于投资者不必担心产品的标的资产的方向性，也就是不再担心它或者它们的涨跌，而只需关注其涨跌幅度，因此，投资这类产品就比较"省心"了。而能够做到这一点恰恰是设计者运用了一个非常重要的概念性头寸：波动率。其实专业人一眼就能看得出，这个产品相当于将一个黄金价格波动率出售给投资者，也就是让投资者做空黄金价格波动率。而波动率的一个重要特性就是它只有大小没有方向，设计者就是用这个头寸来满足投资者第一个理想的。

再说第二点，光让投资者做空波动率还远远不够，谁来做理财产品投资者的交易对手呢？发行机构本身不应该做交易对手，尤其是对商业银行，理财产品业务只是中间业务，发行者不可承担其中的风险，赚取的只是手续费。但作为产品的设计者，不可能不为投资一方找到交易对手就冒失发售，这样你也发售不出去。所以在设计产品时就必须考虑这个波动率的做多方。这就必须借助波动率头寸的对冲手段了。这方面内容我们将在本章第三节进行讨论。

总之，这款理财产品之所以好，好就好在对概念性头寸的巧妙运用，从而满足投资者的实际需求。

第二节 资产的复制

第一节，我们对资产的复制做了必要的铺垫。这一节我们将具体讨论如何去复制一项资产。在具体展开之前，我们首先要明确究竟怎样才算是复制了资产。一般地，只有当复制资产与原资产之间满足以下条件时，才可以说完全复制了原资产。

首先，复制资产与原资产必须具有相同的初始成本，即购买原资产与购买复制资产的代价必须相等。

其次，两项资产的最终支付必须完全相等。即原资产赚多少，复制资产也赚多少；原资产赔多少，复制资产也赔相同数量。

最后，在整个存续期内，两项资产所承担的风险完全相同。即原资产涨价的时候复制资产也涨；原资产跌价的时候复制资产也跌。

满足上述条件的复制才是真正的复制，也叫"精确复制"。

一、一个精确复制的例子

对于非专业的人来说，一提资产复制总觉得很神秘，认为复制一项资产是一件很高大上的事，甚至有人会问："你能复制一只股票吗？"

其实，资产复制并非想象得那么难，只要条件合适，就像第一节说过的，具备所需头寸，那么复制就是一件水到渠成的事。下面我们就以复制股票为例，看看条件具备时如何复制一只股票。

═══ **例 5 – 3** ═══

复制股票

　　先让我们回到第四章，回想一下当初用简单二叉树求解期权价格的例子。假设某股票当前的价格是 10 元，一个月后有两种价格可能（离散分布）：或者上涨到 12 元，或者下降到 8 元。再假设市场上有以该股票为标的资产的买权交易，其执行价格为 11 元，期限 1 个月，期权费为 0.52 元，同期国债（年化）利率为 12%。

　　假如现在我们需要购买此股票，但由于种种原因买不到。那我们能复制这只股票吗？回答是肯定的。

　　首先，我们按照市场价格买入 4 份买权，然后，再购买价值 7.92 元、一个月后到期的国债（在这里我们假设国债是无限可分的）。于是，我们通过该方案就复制出一只该股票。

　　怎么可能？太简单了吧？相信很多读者都会有这样的怀疑。但事实是我们的确复制了该股票！何以见得？我们不妨仔细分析一下。

　　首先，如果购买该股票的话，成本是 10 元。现在，我们买了 4 份价格为 0.52 元的买权，总成本是 2.08 元；加上 7.92 元的国债，成本加在一起恰好也是 10 元（请注意：至此满足了本节开始处关于精确复制的第一个条件）。

　　一个月后，股票价格有两种可能：8 元和 12 元。如果股价上涨到 12 元，那我们的组合会怎样呢？由于股价已经涨到 12 元，所以方案中的行权价格为 11 元的买权是要行权的，行权后每份期权的价值为 1 元，4 份期权价值即为 4 元。而当初投资 7.92 元购买的国债此时的价值为 $7.92 \times e^{0.01} = 8$ 元，即我们的投资组合的价值为 $4 + 8 = 12$ 元，与持有股票完全相同；如果股票价格下跌至 8 元，那么投资组合中的买权不会行权，价值为 0。但当初投资在国债上的 7.92 元现在的价值是 8 元，加起来是 8 元。与持有股票的价值还是相同的（满足精确复制的第二个条件）。

　　现在就剩下一个问题了：我们的投资组合（复制资产）与想要复制的那只股票（原资产）在这个过程中承担的风险是一样的吗？这个问题的答案还是很明显的，无须严格的计算，股票涨组合涨，而且你涨多少我涨多少；股票跌组合跌，跌幅也一样。因此我们可以说该股票与我们的复制组合的风险也是一模一样的（满足精确复制的第三个条件）。

综上所述，"买入4份买权再购买价值7.92元的国债"的组合精确复制了我们要复制的那只股票。

怎么样？神奇吗？一点都不神奇，只要你明白了上述复制过程，运用类似条件（比如将买权换成"行权价格为11元，市场价格为1.411元的卖权"），你现在就能用另一种方法复制出这只股票。还不信？试试看。

二、资产复制的数学属性

仅通过一个例子显然无法概括资产复制的全部内容，更无法将资产复制的方法体系化。但这项工作确实很难体系化，因为我们没有一个放之四海而皆准的公式，然后让我们套公式一样简单地完成复制工作。

但是，这并不意味着资产复制没有规律可循，只不过这个规律并不在资产属性内部，而是它所具有的数学属性。

回顾一下例5-3，我们之所以那样轻松地给出了复制方案并非因为这个例子有什么特殊性，而是运用了我们之前在学习二叉树时得到的一个等式：

$$（股票多头 + 4 份买权空头）e^{0.01} = 8 \qquad (5-1)$$

根据数学等式的性质，式（5-1）两边同乘以 $e^{-0.01}$，于是有：

$$股票多头 + 4 份买权空头 = 8 \times e^{-0.01} \qquad (5-2)$$

再将式（5-2）等号左边的4份买权空头移至等号右边，于是便有：

$$股票多头 = 4 \times 0.52 + 7.92 \qquad (5-3)$$

请注意：根据数学等式的"移项变号"原则，原来左边的买权空头移至等号右边时就变成了买权多头。

是不是很像数学？其实资产复制完全可以简单地理解为金融学等式的数学变形结果。根据这个原则，我们不仅可以用式（5-2）来复制股票，也可以用它来复制国债、复制期权[①]，只要你会等式变换。

=== **例 5-4** ===

罗杰斯真的只是"语言大师"吗？

2007年10月至2009年2月，A股市场经历了一次前所未有的"大熊市"，沪指从巅峰的6124点一路跌到了1600+点，每一位经历过这次惨

---

① 当然，用这个等式复制期权可能比想象的要复杂，不是等式本身的问题，而是实际操作中现金流的变化比较复杂，因此这里说复制期权，更多的是理论上的说法。

痛熊市的人对此都记忆犹新。当然，下跌不是一下子完成的，中间也经历了各种整数关口考验。其中，当沪指跌至 4000 点大关时，不知谁请来了一位来自美国的投资大师，名叫罗杰斯，据说此公在美国投资界几乎可以与索罗斯齐名，甚至有投资界的"预言大师"的美名。

充满恐慌的市场人士太需要一位预言大师来预测一下 A 股的未来了。而罗杰斯也是踌躇满志，一登陆中国就大肆宣扬他看好 A 股的观点。也许是当时充满恐慌的市场太需要这样一个权威来稳定局势了，国内许多媒体都将罗杰斯的话诠释为"罗杰斯看多 A 股"，甚至还有解释为"罗杰斯决意投资 A 股"的言论。

但是罗杰斯救不了当时的 A 股市场，很快，沪指跌破 3000 点大关。"不知趣的"罗杰斯偏偏在这个时候又来到中国。与一两个月前市场人士对罗杰斯充满期待的目光迥然不同，这次等待他的是充满怨气的质问。有人问他真的投资 A 股了吗？罗杰斯满脸无辜地说，我从来没说要投资 A 股啊？一时间，舆论哗然，有人讽刺罗杰斯根本就不是什么"预言大师"，充其量就是一个"语言大师"。一场本以为可以轰轰烈烈的罗杰斯热转瞬即逝了。

今天当我们回顾这段历史时，既没有必要探求罗杰斯当时的动机，也没有必要去分析是不是罗杰斯这次真的看走眼了。我更愿意换一种思考的角度：即使当时罗杰斯真的说过要投资 A 股，我们就应该跟随他的脚步吗？

不同的投资者投资目的不尽相同，我们不可用普通投资者的眼光去审视一位投资大师或者他身后的投资机构的真实投资目的。假如（请注意我说的是"假如"），当时罗杰斯的投资方案中急需一定数量的 A 股买权（再请注意时至今日 A 股市场也没有真正意义上的期权市场），但苦于买不到，于是他很有可能运用式（5-2）来复制他所需要的买权（现金流），也就需要做多 A 股。也许 A 股还是要跌的，但对于一个需要期权现金流的人来说，只要能复制出期权现金流，谁还在乎 A 股是涨是跌呢？

尽管这种分析只是一种假设，但理论上讲存在这样的可能性。事实上，很多投资机构的投资决策都不是简单地"显见性"投资，往往都有出自不同需求的"隐性"投资，其真实目的只有他们自己最清楚。而作为旁观者，我们要想搞清楚别人的投资目的，就只能依靠我们所掌握的头寸关系（比如各种等式）来尽可能符合逻辑地剖析事情的原委。

通过上述分析，我们可以总结出一个帮助我们尽快掌握常规性资产复制的"捷径"，就是通过已有的金融学等式的数学特性来实现复制的目的。但问题是，我们哪里去找那么多的等式？或者，当我们需要隐晦真正的投资目的，而自己掌握的等式别人都知道，如何尽量做到"保密"呢？

三、自制等式——一个非精确复制的例子

要想得到更多的金融学等式，还得回到第一节说过的分解。实际上，如果我们能够将一项资产按照自己的需要分解，我们就可以得到一个与自己需求相符的等式。或者更干脆，我们没有什么明确的需求，但就是喜欢分解资产，也可以得到很多等式。

下面，我们举一个"无聊"的例子，来看看一项资产是如何通过分解变成一个等式的。

我们将要分解的这项资产叫"远期外汇协议"，远期外汇协议并非制式概念，可以有不同的含义。我们现在所说的远期外汇协议仅指：协议双方约定未来某一时刻以约定的价格用某种货币买入另一种货币的协议。比如，双方约定将来用货币 A 买入货币 B，记为 $FX\left(\dfrac{B}{A}\right)$。

从现金流的角度看，该远期外汇协议由以下现金流组成（如图 5-2 所示）。

图 5-2 虽然已经完成了对远期外汇协议的分解，但是，无论是图 5-2 (i) 所代表的头寸还是图 5-2 (ii) 所代表的头寸，在金融世界中都找不到与之相对应的资产。因此，这样的分解没有实质意义，要想让分解变得有意义，首先我们要把图 5-2 (i) 和图 5-2 (ii) 所代表的头寸有意义。我们的做法是给它俩再加上两个现金流（根据实际利率），如图 5-3 所示。

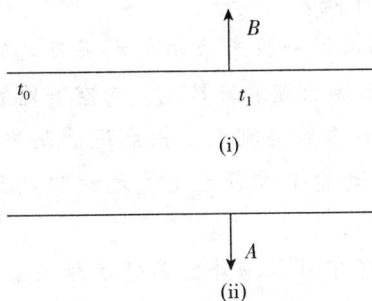

图 5-2　远期外汇协议的纵向分解　　　　图 5-3　补充后的完整头寸

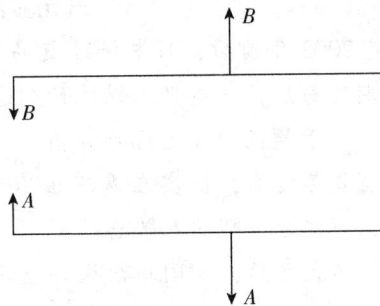

图5-3中这两个头寸就有意义了，简化地说，图5-3中上面那个可以视为存款或者与存款类似的金融学头寸；而下面那个可以视为借款，或者与借款类似的金融头寸。但是，为了使图5-2中的两个头寸有意义，我们在做了图5-3的变化后却多出了两个 t_0 时刻的现金流（如图5-3所示）。

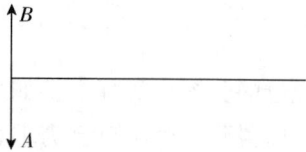

为了解决这个问题，我们需要在 t_0 时刻再加上两个与现有现金流相反的现金流，用来对冲图5-3中多出来的现金流。这个相反的现金流实际上就是 A 货币与 B 货币的即期交易（根据相应汇率），记为"即期 $\left(\dfrac{B}{A}\right)$"（如图5-4所示）。

图5-4 即期交易

经过上述处理，现在不但实现了远期外汇协议的分解，而且分解出来的每个头寸都有真实意义。现在我们才敢说完成了远期外汇协议的分解。

现在我们把图5-3与图5-4纵向合并，发现这三个头寸（存款、借款和即期交易）就可以构造出原来的远期外汇协议。整理成一个数学等式的话就是：

$$FX\left(\frac{B}{A}\right) = 即期\left(\frac{B}{A}\right) + B存款 + A借款 \qquad (5-4)$$

尽管这个等式并不精确，因为很多头寸比并没有测算，而仅仅是从现金流的特征归纳出来的。但是它还是让我们感到惊喜，因为等式原来可以这样得到。假如这个发现过程是独到的，那你就占得了市场先机，可以把投资的真实的意图更加隐蔽起来。当然，反过来，你也更容易"识破"别人的意图。

━━━━ **例5-5** ━━━━

日元真的要升值了吗?

2002年前后，日本场外交易市场忽然出现一股未来用美元买日元的远期交易热，一些日本媒体预测这可能是市场长期看好日元、看空美元的迹象，于是预测日元将要升值。但那时的日本经济刚刚走出衰退的阴影，虽有复苏迹象，但实在看不出有那么大的动能支撑日元兑美元的明显升值，一些分析师陷入苦思。

不久之后，美国华尔街一家媒体也报道了日本场外交易的这股浪潮，但并不认为这是日元升值的预期。该媒体分析认为，这极有可能是最近一个时期日本小型银行因资信水平问题无法从大银行借入美元，而采取的手段创新所附带的"产物"，与日元兑美元汇率无关。

　　事后越来越多的证据表明，华尔街这家媒体的分析是正确的。日元并没有因为远期外汇交易而出现升值现象，当然也没有出现贬值风波。很多人都好奇，华尔街这家媒体的逻辑是什么呢？

　　实际上这个逻辑并不难理清，只要你掌握式（5－4）的话，这个过程很好理解。正如华尔街媒体所报道的，那段时间日本小型银行的确很难从大银行那里借到美元，但其业务又与美元有着密切的联系，没有美元很多业务无从开展。所以，它们要千方百计弄到美元。

　　作为日本国内银行，这些小银行手里存有一定数量的日元负债，但现在需要美元负债，即借入美元（＄），我们把这个需求头寸转化成式（5－4）中"A 借款"；而把"B 存款"转化成日元存款（J￥）。这样，式（5－4）就可变形为

$$FX\left(\frac{J￥}{\$}\right) = 即期\left(\frac{J￥}{\$}\right) + J￥存款 + \$借款 \qquad (5-5)$$

整理式（5－5）可得：

$$FX\left(\frac{J￥}{\$}\right) + 即期\left(\frac{\$}{J￥}\right) + J￥借款 = \$借款 \qquad (5-6)$$

请注意上述过程的变号关系。

　　式（5－6）表明，要解决借入美元问题，你首先要借入日元（其实就是银行的日元负债业务），然后用日元去即期市场买入美元。比如你现在拿到美元后要发放美元贷款，到期后将得到美元支付；但是，你是用日元负债来购买美元的，将来到期时你也得支付日元。所以，这就要求你现在签订一份远期协议，约定到期时（当然你当初应该设计好两个日期的匹配性），用美元买回日元，以满足日元负债到期支付日元的需求。于是，就出现了远期美元购买日元的"热潮"。这种热潮只与复制"借入美元"头寸有关，而与市场对未来日元美元的汇率关系基本上没什么关系。这就是华尔街那家媒体的逻辑。

　　这个案例再次说明，你掌握的金融等式越多，你就越能驾驭金融问题，即使这个等式是像上面那样很牵强地通过金融资产的无目的地分解得来的。明白了这个道理和方法，你也可以闲来无事时尝试一些金融工具的分解，说不定能得到很多有用的等式呢。

第三节　对冲

正如本章开头所说，"复制"与"对冲"是一枚硬币的两面，复制里面有对冲，对冲里面也有复制。比如那个黄金公司股票的例子，如果我现在只看好该公司的领导者能力，并不看好黄金未来价格对该公司股票的推升力，那我该怎么办呢？

有了前面复制的数学理念，现在这个问题不难解决。假设黄金公司股票价格与该公司领导者能力及未来黄金价格之间是以下线性关系：

$$股票价格 = a 领导者能力 + b 未来黄金价格$$

那么，我们有：

$$领导者能力 = \frac{1}{a}(股票价格 - b 未来黄金价格) \qquad (5-7)$$

从式（5-7）中不难看出，要想做多该公司领导者能力，就必须做多该公司股票，同时做空未来黄金价格。做空黄金价格的手段有很多，最简单地，做空黄金期货。于是，经过上述组合，我们就能达到单纯做多黄金公司领导者能力的目的。这个过程相当于复制。而在复制的过程中，那个做空黄金期货价格的头寸就相当于把"未来黄金价格"这个头寸给对冲掉了。

从这个案例我们可以看到两件事，一是"复制里面有对冲"，我们对"做多领导者能力"的复制是通过对"未来黄金价格"的对冲来实现的；二是所谓对冲，可以简单地理解为"给某个头寸加上一个反头寸"，做空黄金期货就相当于给未来黄金价格头寸加了一个反头寸，就像正负能量要抵消一样，灰飞烟灭了。

其实，反过来也是一样的，对冲里面也有复制。比如你持有股指期货空头，如果你打算对冲掉这个头寸的风险，应该怎么做呢？最简单地，你可以根据股指期货的成分股及其比例买入这些股票。如果股指期货亏了（显然是股指上涨了），那么你手中的股票组合一定会盈，只要对冲比例合适，所盈一定可以抵补所亏。这是典型的对冲，而在这个过程中，你按比例买入成分股实际上就是在复制股票指数，是在用复制的股指与股指期货做对冲。

一、对冲在风险管理中的应用

对冲一词译自英文 hedging，本来的意思就是"天然或人造的篱笆"，因此可以理解为一种保护措施以使某种东西不受损害的风险。所以，对冲最初的含义就是与风险管理有关。

很多读者第一次听说对冲都是在期货的有关课程中，只不过可能不叫对冲，而叫"套期保值"。最典型的，比如某石油化工企业计划 3 个月以后购买 1 万桶原油作为生产材料，但又担心到时石油价格上涨，因此你可以采用这样一个方案避免这种成本上升：你去原油期货市场买入 1 万桶原油期货，期限为 3 个月①。

3 个月之后，如果原油现货价格的确上涨了 10 美元/桶，那么石化公司的现货市场上亏了 10 万美元；但如果现货价格和期货价格的基差不变②，那就意味着你先前的原油期货每桶能赚到 10 美元，总额将赚到 10 万美元。因此，总的算下来盈亏相抵，公司购买原油的行为没有受到现货价格上涨的影响。

也许受了类似案例的影响，翻译者或许更多地看到的是对冲之后成本价值的锁定，因而将这一词汇翻译成"保值"，但从现代金融学的角度看，把 hedging 一词译成"套期保值"掩盖了其原本丰富的含义。

═══ **例 5 - 6** ═══

高盛为什么投资电厂？

2004 年，著名投资银行高盛公司投资近 7 亿美元购买 12 家美国发电厂股权，引起一阵热议：难道高盛要进军能源产业了？

其实高盛投资电厂的目的不是要经营这些电厂，更不是要进军能源产业，而是因为高盛要利用这些电厂的发电能力作为对冲手段，然后去电力衍生品市场出售电力的买方期权。

众所周知，做期权的空头（无论什么期权）是非常危险的事，因为把亏损的风险完全暴露在市场中。而像高盛这样运用了对冲手段，情况就完全不一样了。如果电力价格上涨，当超过行权价格时，买权的多头就要行权，此时作为买权空头的高盛就面临着支付亏损，但是由于有电厂股份做"保护"，电力价格上涨也必然带来电厂股权收益的增加（或者资本利得的增加），因而盈利可以抵补亏损，也许还会大于亏损；反过来，如果

---

① 但从实际操作的角度，这个期货期限一定要小于现货期限，否则达不到对冲的目的。具体内容，读者可以查阅相关期货方面的书籍。

② 一般期货市场都这样假设。

电力价格下降，当降到行权价格之下时，高盛抛售出去的那些买权就不具备行权的条件，高盛可以心安理得地拥有那些期权费。而电厂的股权价值不一定受到电力价格下跌影响，因为影响电厂股价的因素很多，售电收入仅是其中的一部分。甚至，如果这些电厂里面还有水力发电厂的话，那么电力价格的影响就更小了。也就是说，即使电价下降了，高盛投资的电厂股份也未必下降，由此保证了出售期权的收益。

上面这个案例告诉我们，对冲绝不仅仅是"保值"那么简单，它可以是我们面对风险时的"工具库"，运用得当，就可以为我所用，充分发挥其作用。

━━━ **例 5 - 7** ━━━

理财产品背后的对冲

在例 5 - 2 中我们介绍过一款深受投资者欢迎的理财产品，我们说过这款产品成功的关键在于将波动率头寸介绍给投资者，让投资者在一定的黄金价格范围内不受价格涨跌的影响，均可享受到收益。我们也说过这实际上是让投资者做空黄金价格波动率。

但投资者做空波动率，谁来做多呢？总不能让产品的设计者做产品投资者的交易对手吧？

实际上，这款理财产品的设计者在设计之初就已经（或者应该）考虑到这个问题，通常的做法是：在发售产品的同时，在另一个市场（一般是场外交易市场）对冲对应风险。比如这款产品，既然产品发售方必须在发售产品时承担做多波动率的风险，那它就必须把这个风险在另一个市场对冲掉。但绝不是完全对冲，如果完全对冲了产品发售方就没有利润可言了，它必须把其中一小部分风险留给投资者承担，这部分风险带来的收益就是产品发售方所要赚取的手续费。

二、对冲在资产定价中的应用

对冲在资产定价中的应用，我们在第四章有关期权的定价讨论中已经了解了。无论是二叉树还是 BSM 都用到了对冲手段作为破解期权价格的逻辑起点。其实，对冲与资产定价的关系在"金融学基本定理"中已经论述得很清楚了。在这里有必要说明两点：一是不仅期权定价需要借助对冲手段，任何一项资产定价，要想毫无疑义地被市场接受，都必须以对冲为基础手段。没有对冲就没有资产定价，这句话是对的。反过来，任何不借助对冲完成的资产定价都有可能在某个点上出现问题，从而导致定价失效。二是借助对冲实现资产定价不单单是资产定价的理论需求，它是一种非常重要的理念，在整个金融市场上都发挥作用。下面我们通过一个案例来说明这一点。

例 5-8

摩根大通为什么要购买石油

2009 年上半年，美国彭博社发出一则消息，称极有可能是摩根大通的某美国金融机构租用多艘北欧油轮运输石油。这个消息虽没引起什么轩然大波，但也让很多人不解，一家金融机构租油轮运石油干什么呢？

很快，市场分析人士给出了答案，他们认为这有可能意味着在 2007 年到 2009 年上半年这轮原油期货大牛市中，摩根大通扮演的是空头角色。理由是这样的：当高盛等投资机构大肆做多原油期货的时候，摩根大通可能出于种种考虑做了空头，而空头在牛市中肯定是要亏钱的。如果摩根大通认输，那就平仓或者由空转多；如果不认输，又该如何？

市场分析人士认为，如果摩根大通不认输，那就只有一个办法来抵补原油价格一路飙升过程中的亏损：做多石油现货①。做多现货意味着：如果原油期货价格能继续高升，那么期货交割时现货价格必须跟着期货价格上升，且两者相等②。于是，摩根大通可以用现货的收益（全部或者部分）抵补原油期货的损失；如果期货价格此前是虚高的，当交割日到来时，现货价格必然把期货价格打下来，这样，摩根大通原来在期货市场上"输掉"的钱就会在期货价格下跌的大势下重新被"赢回来"，同样达到了抵补损失的目的。现在轮到摩根大通问多头了：是期货价格跌呢，还是现货价格涨？

最后的结局是原油期货价格下跌了，而且跌得很惨，短短几个月的时间，就从 120 美元/桶的高位一路跌破 30 美元/桶。我们在例 5-1 中提过的国内航空公司套保巨亏的案例就是发生在这个时期。而摩根大通却在此轮暴跌中完全扭转了此前大牛市时的失利。

---

① 我们有理由相信摩根大通还在国际原油价格飙升之前就已经做多了这些现货。临近期货交割时才把这些已经买到手的现货向市场运输等待抛售。

② 如果两者不等，市场就存在期货与现货的套利机会。

这个案例非常经典，同样有两点值得总结：一是对冲是金融市场一个非常重要的理念，即使是市场定价（不借助任何理论论证），你也必须正视它的存在，如果仅仅凭借侥幸心理或者想当然而忽视了它的存在，就必然受到它的惩罚。二是任何一个期货市场，都必须存在一个与之相对应的（主要指标的物）现货市场，否则，期货价格将没有任何定价法则。这个道理其实也很简单，仅以例5-8为例，如果没有石油现货市场的存在，即使多头把原油期货价格炒上天又能怎样的？反正没有现货市场来对冲，到最后交割时，期货价格远高于现货价格又怎样呢？反过来，如果空头势力大，那它就可以把期货价格压得无限低，道理同上。

让我们再次重申这个"硬道理"：任何一个没有现货市场做对冲的期货市场都是不可能存在的。

只有一个例外，那就是天气指数期货市场。

为什么天气指数期货市场不需要现货市场做对冲呢？首先，我们没有，也不可能有一个关于天气指数的现货市场。你听谁说过要买点降雨量现货，或者出售温度现货？这些话甚至你只能在笑话中听到。

但没有现货市场做对冲，天气指数期货市场会不会出现前面说过的期货价格被肆意炒作呢？答案是：不会。因为天气指数受自然条件限制，你不可能把北极的温度炒到50摄氏度，即使一百年也不可能[①]。所以，即使没有现货市场，天气指数期货也不会被肆意炒作。

在本书的最后，我们再介绍一个案例，看看金融学的方法论是如何被看似对金融学不感兴趣的实体经济部门应用的，也算是对全书做一个补充吧。

▅▅▅ 例5-9 ▅▅▅

中国羽绒服企业如何度过北美暖冬

2008年初，中国大陆经历了一场从南到北的雪灾，造成这场雪灾的原因是太平洋环流：海水把冷空气带到太平洋的西侧，而把暖空气带到大洋东侧。我们要讲的故事发生在大洋东侧的北美。

北美地区一直是中国羽绒服的重要市场，由于北美出现暖冬，给中国的羽绒服销售带来巨大困难。但所幸的是，中国羽绒服制造企业（企业很多都是民营企业）事先得到暖冬预告，但不确切。没有避免可能出现

---

① 如果真那样的话，地球人的生存空间就没有了，还谈什么期货。

的暖冬对羽绒服销售的影响，这些羽绒服企业早早就在北美天气指数期货市场做多了温度指数期货。这样，如果气温上升，羽绒服虽然卖不出去了，但温度指数期货却可以为这些企业带来收益；如果温度不上升，期货交易虽然有损失，但羽绒服的销售可以抵补损失。

正是这套策略帮助中国羽绒服企业渡过了北美暖冬的难关。

我不敢奢望这本书能帮助读者您渡过什么难关，但奢望您合上此书时能有所收获。